小さな野心を
燃料にして、
人生を最高傑作
にする方法

はあちゅう　村上 萌

Discover

まえがき

HA-CHU's Voice

初めて本を出すという夢を叶えてからちょうど10年後。約6年間の会社員生活で金銭的な地盤を固めてからこわごわ踏み出した「作家」としての一歩は、思った以上に、まわりにあたたかく受け止めてもらえました。

独立してすぐにテレビ番組のレギュラー出演が決まったり、本も立て続けに出版できたりしたおかげで、まるで若くして理想の生き方を手に入れた人であるかのように、扱ってもらえる機会が増えました。

でも、そのせいで時には特別視され、苦労も努力も知らない人だと思われることもありました。親が偉いから、運がよかったから、能力があったから……。そんな誤解を解けば「私には○○がない」と嘆いている人が一歩踏みだすきっかけになるかもしれないと思いました。ちゅうもえサロン（99ページ）を一緒に主宰している村上萌ちゃんも若くして独自の生き方を確立していますが、彼女も、彼女なりの試行錯誤を経て今にたどり着いています。

そして今この瞬間だって、何かをつかんだ確信はないまま、手探りしながら未来を少しでも理想に近づけるべく努力の途中です。この本が苦労も努力もある人生を送る人の背中を押す本になると嬉しく思います。

はあちゅう

MOE's Voice

もし5年前の自分が隣にいたら、こんなことを伝えたいな、という気持ちでこの本を書きました。

あの頃は、「大丈夫。若いうちは今のすべてが糧になるから。なんでもやりなさい！」なんて声をかけてくれる大人に出会うたび、「だから、何をやったらいいかわかんないんだってば！」と心の中で叫び、常にどこかにあるはずの答えや、やり方を探していました。

結論から言うと、今だって「やっと見つかった」なんて思っていません。だけど、昔よりもずっと自分の道を歩くのがつらくなくなりました。

それはきっと、道は自分で作るものだということがわかったから。昔の私は、用意された特別な道を探していたんだと思います。

もちろん、道を作ることは楽しいことばかりじゃありませんが、かつて助言を受けた「すべてが糧になる」は本当でした。

この本には、はあちゅうと私が、やり方は違えども、かっこ悪いくらいもがいていた「裏側」の部分を書きました。読んでくださったみなさまひとりひとりの、道づくりの勇気につながれば、何よりも幸せです。

村上萌

私たちの紆余曲折プロフィール

作家とライフスタイルプロデューサー。まったく違う仕事をしている私たちですが、共通しているのは「一度夢をあきらめている」ということ。この本では、2人が理想の自分を求めて試行錯誤しながら、夢を叶えていく道のりを綴っています。

2歳（1988）
「作家になる」と言い始める。

「はあちゅう」というあだ名を使い始めたのもこの頃のこと。

9歳（1995）
林真理子さんに憧れる。

15歳（2001）
高校受験で慶應義塾湘南藤沢高等部に入学。

16歳（2002）
スキー部に挫折して2年で辞める。

同世代の作家さんが芥川賞を受賞し、小説家への夢をあきらめる。

18歳（2004）
慶應義塾大学法学部政治学科入学。ブログ開始。

19歳（2005）
ブログを元にした初の著書『さきっちょ&はあちゅう 恋の悪あが記』（共著）を出版。以降毎年一冊ずつ本を出す。メディアコミュニケーション研究所入所。

3歳（1990）
将来の夢は花嫁さん。

5歳（1992）
将来の夢は花屋さん。

8歳（1995）
将来の夢はケーキ屋さん。

15歳（2002）
将来の夢はメイクさん。

17歳（2004）
焼肉店でのバイトを経験。

人に喜んでもらうことが仕事になるということを知る。

18歳（2005）
成蹊大学経済学部入学。

どうせ何も取り柄がないからと、自分に向き合わないまま2年間を過ごす。

自分探し期→PART1

20歳 2006
香港大学に1年間留学。『はあちゅう手帖』を出版。

21歳 2007
アメリカに短期留学。

22歳 2008
スポンサーを募ってタダで世界一周をする。

23歳 2009
電通に入社。中部支社（名古屋）配属になる。

24歳 2010
本社クリエーティブ局に異動。

試行錯誤期→PART2

25歳 2011
トレンダーズに転職。

> まったく社風の違うIT企業に転職し、スピード感覚を身につける。

26歳 2012
会社員をしながら、「はあちゅう」名義での活動を広げる。ちゅうもえサロンスタート。

27歳 2013
ソーシャル焼肉会マッチングサイト「肉会」を始める。

> 仕事で充実した日々を送りつつも執筆に専念したい思いがふくらむ。

理想の自分実現期→PART3

28歳 2014
ちゅうつねサロンスタート。トレンダーズを退職して「ブロガー・作家」の肩書きでフリーランスになる。

29歳 2015
デジタルマガジン「月刊はあちゅう」を開始。『週末野心手帳』をプロデュースする。

30歳 2016
初の小説『とにかくウツなOLの、人生を変える1か月』を出版。

自分探し期→PART1

20歳 2007
大学のミスコンに出場、グランプリを受賞。

> 初めて全力でやることを決意した出来事。受賞後、「これを活かさないともったいない」と思うようになる。

23歳 2010
就職活動に失敗。夢見るニートとして社会に放り出される。

24歳 2011
ライフスタイルプロデューサーという肩書きを名乗り始め、起業する。

> 自分の「正解」を探して、手当たり次第にチャレンジする日々。

試行錯誤期→PART2

25歳 2012
結婚し、神戸へ引っ越す。ウェブマガジン「NEXTWEEKEND」を始める。ちゅうもえサロンスタート。

26歳 2013
初の著書『カスタマイズ・エブリデイ』を出版。

27歳 2014
サンドイッチ屋「GARTEN」を青山でスタート。夫の移籍にともない、札幌へ引っ越す。仲間を増やすことを決意し、正社員を雇う。

> 社員を雇うと同時に業務を見直し、自分ひとりではなく、社員みんなで仕事を回す体制にシフト。

理想の自分実現期→PART3

28歳 2015
雑誌『NEXTWEEKEND』を創刊する。『週末野心手帳』をプロデュースする。オフィスの引っ越しをする。

29歳 2016
雑誌の定期刊行が決定する。

私たちの仕事＆1週間

HA-CHU's Work

「作家の新しい働き方」を作りたい

今は、雑誌、フリーペーパー、ウェブの連載を書きつつ、「月刊はあちゅう」などのデジタルマガジン及びオンラインサロン（「ちゅうもえ」と「ちゅうつね」の2つのほか、たまに期間限定のサロンなども）の運営がメインの仕事です。

その他にイベント・メディア出演、商品プロデュースなどもお仕事として受けていますが、やっぱり仕事のほとんどは「書く」こと。小説やエッセイを定期的に出版しています。また、1か月に2冊以上の電子書籍を自費出版しています。

私のワークスタイル

現在、雑誌2本、フリーペーパー2本、ウェブ2本の定期連載を持っており、その他に単行本など単発の原稿も執筆しています。また、主宰するデジタルマガジンで1日2記事を更新、2つのオンラインサロンでも、それぞれ

MOE's Work

「誰かの楽しい週末」を作りたい

株式会社ガルテンを経営。主な事業として「次の週末に取り入れたい理想の生活」というコンセプトで、メディアブランドNEXTWEEKENDを主宰しています。

年に2回の雑誌刊行、ウェブマガジン、同コンセプトで開催するイベントやECストアなどを運営。食や雑貨などの提案をはじめ、最近は旅行のプランニングのお仕事や地方自治体との取り組みなども増えてきています。

また、会社名と同じガルテン（GARTEN）という名前の小さなサンドイッチ屋も運営しています（154ページ）。

私のワークスタイル

1か月のうち、20日前後は自宅のある札幌に、10日前後は会社のある東京やその他の地方に出張というペースで、仕事をしています。

札幌では、アスリートの夫に合わせ、18時には夜ごはん、23時には消灯という生活。朝昼

週に2記事を更新しています。メインの原稿執筆の時間をまとめて確保しつつ、その他の仕事や用事をバランスよく組み合わせるようにしていて、スケジュールに合わせて実家と恋人の家（どちらも都内）を行き来しています。

私のある1週間

月	午前は動画番組出演のための打ち合わせ。午後にはイベントに出演。空き時間にウェブ連載の執筆
火	家で家事をしながらひたすら原稿執筆
水	午前は出版社で今年出版予定の書き下ろし小説について打ち合わせ。午後は女性誌の取材など。
木	午前は執筆。午後から税理士さんとの定例打ち合わせ。夜は友人とのごはん会
金	書籍のプロモーション動画を撮影
土	経沢香保子さんとちゅうつねセミナーを開催
日	午前は執筆。午後から恋人と買い物に出かけ、夜はごはんと映画

晩のごはん作りも大切な日課です。以前は終わらなかった仕事は夫の就寝後に徹夜してやっていましたが、最近は翌朝に行っています。東京ではなるべくオフィスで社員と過ごす時間をとるようにしています。東京での時間に制約がある分、会議などの密度は濃くなりました。

私のある1週間

月	自宅勤務。社員全員と電話やメールで今週の動きを確認。資料作りやメール返信などを集中して行う
火	週に一度の夫のオフ。温泉&季節の後楽へ
水	自宅勤務。ごはん作りの前後に社員やクライアントとスカイプ会議
木	始発で東京へ。オフィスで会議や確認作業を行う
金	毎週定例の会社の共有会議。社員とランチをし、運営するサンドイッチ屋の新メニューを試食
土	夫の遠征試合がある日。実家のリビングで家族や親戚と観戦
日	札幌へ帰宅。夫と近所で一番好きな焼き鳥屋でデート

CONTENTS

まえがき …… 2
私たちの紆余曲折プロフィール …… 4
私たちの仕事&1週間 …… 6

PART 1

私は何をしたら正解なの?

迷子になった〝自分探し期〟

幸せには型があると思ってた
HA-CHU's STORY …… 16
MOE's STORY …… 20
型にはまろうとしたけどうまくいかなかった
HA-CHU's STORY …… 24
MOE's STORY …… 28

ブランドやタグに目がくらんだ
HA-CHU's STORY …… 32
MOE's STORY …… 36
海外に答えを求めたけど、答えがなかった
HA-CHU's STORY …… 40
MOE's STORY …… 44
とにかくいろいろやってみた
HA-CHU's STORY …… 48
MOE's STORY …… 52

PART 2

「私」がだんだん見えてきた
転機となった〝試行錯誤期〟

「今いる世界」から抜け出してみる
HA-CHU's STORY …… 58
MOE's STORY …… 62

小さな成功を積み重ねていく
HA-CHU's STORY …… 66
MOE's STORY …… 70
幸せについて本気出して考えてみる
HA-CHU's STORY …… 74
MOE's STORY …… 78
収益を生む（マネタイズ）能力を磨く
HA-CHU's STORY …… 82
MOE's STORY …… 86
人間関係を広げてみる
HA-CHU's STORY …… 90
MOE's STORY …… 94
大好きな人間関係の中で仕事を作っていく
HA-CHU's STORY …… 98
MOE's STORY …… 102

PART 3

夢と自分の活動が重なった
軸が固まる〝理想の自分実現期〟

仕事も大切な人も、両方取ってみる
HA-CHU's STORY …… 106
MOE's STORY …… 110

背伸びをしてみる
HA-CHU's STORY …… 114
MOE's STORY …… 118

やりたいことをやるために取捨選択する
HA-CHU's STORY …… 124
MOE's STORY …… 128

経験をリサイクルする
HA-CHU's STORY …… 132
MOE's STORY …… 136

仕事を「受ける」から仕事を「作る」へ
HA-CHU's STORY …… 140
MOE's STORY …… 144
「自分がやる必要がある仕事」をする
HA-CHU's STORY …… 148
MOE's STORY …… 152
夢は「叶える」のではなく「叶え続ける」
HA-CHU's STORY …… 156
MOE's STORY …… 160
過去ではなく未来を起点にして選択する
HA-CHU's STORY …… 164
MOE's STORY …… 168

PART 4

私たちのマイルール

小さな野心を叶え続ける

毎日を変えていくための小さな習慣&ルール …… 174
① 仕事のルール …… 176
② お金のルール …… 180
③ 暮らしのルール …… 183
④ 体と心のケア …… 186
⑤ 毎日がキラキラする秘訣 …… 190
⑥ 時間との付き合い方 …… 195
⑦ 人づきあいのルール …… 200
⑧ 恋愛・結婚について …… 203
⑨ SNS&情報収集のコツ …… 207
あとがき …… 212

HA-CHU
経歴も、携わっている仕事も違う私たちですが、これまでの歩みで感じてきたことには、不思議なくらい共通点がありました。この本では、その共通する「思い」をテーマ（見出し）にして、それぞれの立場から綴っています。
MOE
2人のストーリーには重なる部分と違う部分、両方ありますが、どちらも楽しんで読んでいただければと思います。私たちが自分探し期→試行錯誤期→理想の自分実現期と移行していく様子を、ぜひご覧ください。

PART

1

私は何をしたら正解なの？

迷子になった“自分探し期”

Finding my way

幸せには型があると思ってた

褒められることが、生きがい

私の父は、大手といわれる企業に定年まで勤めた会社員で、母は専業主婦でした。家族内にも親戚にも有名人や偉い人はいないし、家は貧乏ではないけれど、特に裕福だったわけでもありません。父の仕事の都合で海外に住む機会があったりと、貴重な経験をさせてもらったことに感謝はしていますが、私を囲む環境の中では、よくも悪くも、幸せというのは、いい学校に入って、いい会社に行って高いお給料をもらうこと。そして、愚痴を言わずに真面目に働くイケメンをつかまえて幸せな結婚をすることでした。

人と違う自分を妄想するのは大好きでしたが、実際の生活では、人と違うことをしたり、誰かと違う考えを持っていることを口に出すのも怖かったです。

小中高と引っ込み思案で、自分を出せないタイプでした。友達も少なかったから、友達に「中身」では認められない、という思い込みがあって、かわりに先生や親に褒められることが生きがいでした。

昔は常に誰かに褒められていないと気が済まなかったんです。

先生や親に褒められるために「優等生」を常に心がけていました。テストでいい点数を取るとか、コンテスト[*1]で賞を取るとみんな褒めてくれたので、私は、必然、わかりやすく褒められるもの、みんなにうらやましがられるものが大好きなミーハーに育ちました。

大学の、本当に本当に初期の頃の私は、たぶんすごく嫌な子だったと思うし、それが隠しきれずに、外にもにじみ出ていたような気がします。

有名人が大好きで、雑誌にちょっと出てる子や、仲間内で有名な学生起業家の子とはすぐにつながりを持ちたがったし、男の人のことはお金があったりイケメンだったりしたら、すぐに好きになっていました。

そういうふうな人とのつながり方をしていると、次第に「友達にはたくさん自慢するものがあるのに自分には何もない」と、ますます自分をブランド化したくなります。そう思った時に、自分を飾ってくれるのはやっぱり、誰

*1 コンテストで賞を取る
昔から何かを書く&作ることが好きだったので、作文・図工・家庭科の作品コンクールなどによく応募していました。

から与えられる称号でした。

果てのない幸せ探し

でも、わかりやすい記号というのをたくさん得れば得るほど幸せだと思っていたせいで、どんな時も幸せじゃないんです。大学1年生の時に書いていたブログが書籍化されたことでまわりからは「慶應生でブログが人気になって本まで出せて、うらやましい」と言われました。でも、自分自身は自分に全然満足できなかったんです。

幸せの基準が「記号をたくさん得ること」だから、天井がない。だから、自分より目立つ人やできる人の存在がずっと怖かったです。ミスキャンパスや、国家試験に受かった人や、TOEFL満点の人、大学生をしながらタレントもしている人……私よりすごい人はたくさんいるから、いつも「もっとがんばらなくちゃ」が続きました。

元が違うとわかってはいるけど、軍資金をバイトで貯めて何十万円もするエステにこっそり通って美容の部分もがんばったし、学科の勉強も英語もがんばったし、サークルもたくさん入った。努力がある程度の結果をくれることは受験で身をもって知っていました。ただし、ある一定のレベルまできたら、もうその分野で上を目指すのは無理だったから、私は、次々に、いろんな分野の「上のほう」を目指しました。いつも「誰かにすごいと思われたい」がモチベーションでした。だから、気づいたらそれなりにいろいろ器用にできるけど、突出したものはなく、やりたいこともよくわからない人間になりました。

でも、中途半端で根が臆病な私は、何かに挑戦しているように見せかけていつも安全地帯の中での挑戦しかしていませんでした。

自分が挑戦しているか、前を向いているか、成長しているかより、人にそう見えているかのほうが大事だったし、社会の「これがかっこいい」っていう型の中には、絶対にいたかったんです。

その型から外れることはかっこ悪いだけじゃなくて、人生の敗北者・負け犬になることだと信じていました。だから大学を卒業しても、私の「かっこいい型」探しは続きました。

幸せには型があると思ってた

どこかにあるはずの「正解」を探して

40歳の時に会社を辞め、ひとりで5万円だけ握りしめて上海へ行き、会社を作った破天荒な父と、自宅でフラワーアレンジメント[*1]の教室をやりながら、レッスンをすればするほど生徒さんへのサービス精神があふれて赤字になっていく愛のかたまり（ビジネスセンスゼロ）みたいな母。この両極端な性格を持つ2人の間に生まれました。

そのせいか、2人の教育法には細かいルールがなく、「何かをしなさい」「あなたはこうでなくちゃだめ」と言われたことは一度もありませんでした。常に自分の選択が尊重されたことは、根拠のない人間的な自信にはつながったけれど（今思えば）、「なんでもいいと思うよ」と言われるたびに生まれる「答えがわからない怖さ」が常にありました。だから私はいつだって「どれが答えなんだろう」を探していました。

＊1 フラワーアレンジメント
花だけでなく、毎月家じゅうの小物にまでテーマカラーを設ける、季節を楽しむ達人の母。今思えばそれが私の仕事の原点にもなっていました。

小さい頃、親戚のお姉ちゃんが結婚してきれいなドレスを着ているのを見た時は「お嫁さんになりたいんだ！」と本気で思ったし、小学生でケーキが好きだった時は「やっと見つけた！　ケーキ屋さんという職業！」と熱くなりました。中学生になってメイクに興味が出てきた頃は「そうだ、私はメイクアップアーティストになりたかったんだ！」と、確か卒業文集にも長々と書いた気がします。

そんなふうにいつだって好きなものはあっても、決して得意なわけではなく、長くそれに専念するわけでもないから、次々と将来の夢が変わっていく自分。その隣で、同級生たちが特技を見つけたり、立派な理由とともに志望大学を決めていったりすることで、徐々に「何もない私」がコンプレックスとなっていきました。

今思えば、「わからないなら、まずは必死に勉強をがんばって将来の自分の選択肢を増やせる場所に行く」という考え方もできたかもしれませんが、その時の私は「どこかにあるはずの正解」を探すのに必死でした。

学校のある街が好きとか、創業者の考えが好きとか、当時一生懸命考えた自分なりの大学の志望動機がすごく説明っぽかったのは、これが答えだと自分で思い込もうとしていたのだと思います。

大学に入学してからも「どこに所属したらいいんだろう」「私の大学生活の答えはここかな」と、正解となるコミュニティを探していたし、バイトの情報誌を見ても旅行のガイドブックを見ても「何が正解かな」と思ってしまうほど。きっと、私自身が一番自分に期待していたのかもしれません。

不安だらけの就職活動、そして……

そんなふうに過ごしたからか、楽しくもつらくもあった大学時代はあっという間に過ぎ去ってしまいました。[＊2]バイトもインターンもたくさんして、「大学時代にできること」と思われることはいろいろ手も出したけど、そのかいもなく、最終的に私の不安が絶頂を迎えたのは就職活動の時でした。

就職サイトを見て「求める人物像」などの文章を読めば読むほど、「この会社が私の入る会社だったのかな」という焦りが押し寄せ、またしても正解探しを繰り返した結果、採用面接には落ち続け、そのくせ、いただいた貴重な内定を辞退したり……。俗にいう〝自分探し〟みたいなワガママを通した末

＊2 バイトもインターンも
バイトは巫女さんから焼肉屋まで、インターンではびっくりするほどバブリーな会社からベンチャー企業まで、いろいろな体験をしました……。

に、大学4年生の12月に内定ゼロという状態になってしまいました。

それでもなお、「大丈夫、どこかに答えがある」と信じて、毎日本当にたくさん動き回っていた気がします。当時の記憶はもはや曖昧ですが、日々何かを調べたり、誰かに会ったり、どこかに潜入したり。「このままどうにもならなかったらどうしよう」と、自分に向き合おうとすればするほど苦しくて、つらかった想い出があります。なんかもう、全身で貧乏揺すりしているかのような、不安定な日々でした（ふなっしーの動きをイメージしていただければ……）。

そしてやってきた大学の卒業式の日。同級生たちときれいな袴を着て写真を撮りながら、みんなが来週から始まる社会人生活の配属先や入社式の話をしている時、私は来週からの予定が何もないままでした。

今見ると、卒業アルバムの写真で私だけ遠い目をしているんですよね。根拠のない自信だけで「自分なら大丈夫、きっと見つかるはず」という気持ちで探し続けてきたけど、この頃は、自信なんて何もなくなっていました。

そして世間一般で入社式の日となっている4月1日、私は実家のリビングでパジャマを着てパンをかじっていました。

型にはまろうとしたけど うまくいかなかった

憧れの「型」に入れたはずなのに

かつての私は、バッグや宝石などのブランド品にはこだわりも興味もないかわりに、自分をかっこよく見せてくれる肩書きはいくらでも欲しがりました。慶應、電通、コピーライター……どれも、私が自分の手で「欲しい」と思って努力の末に得た肩書きだったはずなのですが、今ふりかえってみると、「欲しい」という気持ちの底にあったのは、心からの「欲しい」なのか「みんなが欲しいものが欲しい」という他人基準の幸せだったのか曖昧です。

学生時代は人気者（クラスのエリート）の「型」から見事に外れていました。

本が好きで、本をいつか書きたいという気持ちはあったけれど、応募しても応募しても、文学賞どころか、作文コンクールでも賞を取れませんでした。

自分と歳の近い才能のある人たちが[*1]、どんどん文芸デビューして作家（文芸エリート）の「型」に入っていくのを、狂おしいほどの嫉妬の目で眺めていました。

バカなりに勉強して受験も突破したし、精一杯のハッタリで、就活もなんとかクリアしてちょっとエリートの仲間入りを果たした気分……。

当時の私には〝慶應〟も〝電通〟も都会を仕切っている人たちが持つブランドに見えていました。

浅はかな知識と偏ったイメージでの選び方だったけど、ずっと「型」にハマりたくてもハマれなかった私にとって、よい大学から、人が「すごいね」と言ってくれる会社に入れたことで、やっといい人生の「型」におさまれた気がして、少しだけ安心したのが本音です。小さい頃から「努力をすれば幸せになる」という思い込みがあり、受験や就活は私にとって努力の象徴でした。

充実しているのに、満たされない

その後、社内の試験をクリアして、夢だったコピーライターにもなれまし

＊1 同い年の人『スクラップ・アンド・ビルド』の芥川賞受賞で一躍有名になった羽田圭介さんは同い年。最年少で芥川賞を受賞された綿矢りささん、金原ひとみさんは私より2つ年上です。

た。

本当の夢は2歳から言い続けている「作家」だったけれど、そのなり方はわからなかったから、なり方がわかる範囲で、自分にできるだけの努力をしたんです。

コピーライターというのは、「クリエイター」として名前を出して仕事ができるし、しかも文章を書く仕事だったから、私が憧れていた「作家」という職業に限りなく近いとも思えました。

電通の仕事[*2]は忙しくも楽しくて、大学時代の同級生からも「社会人生活、充実してそうだね」なんて言われて、「私の人生、上々じゃん」と思うこともありました。

けれど、うすうすこれが自分の100％の満足な人生ではないとはわかっていました。CM撮影や、コピーを書いている間や、クライアントとの打ち合わせからの帰り道。ふとした時に湧き上がるのは「私の人生、これでいいんだっけ？　私って幸せなのかな？」という疑問。

念願のコピーライターになったはいいものの、書くのはクライアントの商品の宣伝コピー。もちろん、やりがいはあるのだけど、自分が昔憧れていた

*2 電通の仕事
車、化粧品、出版、カメラ、銀行、食品……さまざまな業界の広告制作に携わることができました。CM制作現場では芸能人にも会えて「広告会社っぽい！」と感動したりも……。

「自分の文章を書く」という仕事とは、やっぱりちょっと違う。

いい会社に入ったくせに幸せになれないのは、自分が傲慢なんだとも思いました。

みんなにいいねって言ってもらえる学校や会社。憧れの「型」に入れたはずなのに、この型の中にいることがつらい。せっかく「型」にはまったのに、全然幸せじゃないというフラストレーションは、何かを変えたいという強烈な欲求になりました。

部屋を変えたら幸せになるんじゃないか。結婚したら人生が楽しくなるんじゃないか。そんなふうに、私は常に変化を外へ外へと求めました。

型にはまろうとしたけど うまくいかなかった

初めての栄光体験

ちょっと話は戻りますが、私の学生時代の唯一の功績といえば、大学2年生の時に「ミス成蹊大学」のグランプリを獲ったことでした。

未だに大きくプロフィールに書かれたりするので一応触れますが、グランプリに選ばれて、ティアラが頭の上に乗った瞬間は、たしかに「これはすごいことになるかもしれん……！」と思いましたよ。まあ、実力というよりも当時所属していた、学内一にぎやかなサークルの友人たちのおかげで勝ち取った冠に他ならなかったのですが。

いずれにしてもミスはミス。準ミスの子が隣で感動の美しい涙を流している傍らで、これは活かさなくちゃもったいない！　と、腹黒い私は未来構想[＊1]に燃えていました。

だけど、グランプリの賞品だった旅行券10万円は、母を京都に連れて行っ

＊1 未来構想
ミスという立場に依存していると痛い目に遭うぞ、という恐怖も感じていたので、「ミスなのに○○でもある」といったギャップのある人にならなければ、と思っていました。

たり、なんやかんやしていたらあっという間になくなりました。

就活の時だって、「ミスになったし大丈夫だよ」なんて、根拠のない友人のエールを信じて受けてみたテレビ局のアナウンサー試験は、「君、語尾が聞こえないよ」と言われて落選（今日の天気は晴れです、ってちゃんと言ったのに……）。

ミスになったということ自体が直接的に何かに役立ったことはひとつもありませんでした。むしろ自分がミスという肩書きを手にして、たかをくくっていたからこそ、「この会社が私の入る会社だったのかな」などと考えるようになり、結果、就活に失敗したのでしょう。

何かで1位になった経験は、ミス成蹊が初めてでした。小さい頃からずっと負けず嫌いで、傷つきたくなくて挑戦することすら避けてきたのに、突然降ってわいた挑戦と勝利。「なになに、私こっち側の人だったの？」と、おそらく世界一調子に乗った瞬間でした。

その中途半端な特別感や過信が、傲慢な就活スタイルを生み出し、私をニートに導いたのかもしれません（「ミスった成蹊」[*2]とかいう冗談も途中から

＊2 ミスった成蹊
「ミスなんだってね」と言われて照れくさい時、「あ、ミスったほうのね！」みたいな返しで、つまらない笑いをとってました。

笑えなくなったな……)。

そうして私は、かっこいいポジションや何かの型にはまろうとしたのに何にもはまることができず、はみ出した自分は、もはや特別でもなんでもありませんでした。

ニートからのスタート

大学を卒業してから、私を取り巻く環境はがらっと変わりました。当時(2010年)は、フェイスブックよりもmixiユーザーが多かったような気がしますが、いわゆるタイムライン上では、先月まで〝先生〟とか〝サークル〟とか同じ言語を使っていた同級生たちが、次々と突然〝転勤〟とか〝同期飲み〟とか、私の知らない言葉を乱用し始めました。

あいかわらずパジャマを着てパンを食べたり、たまに着替えたりしながらその様子を見ている自分は、「もうみんなに追いつけないかも」と思うようになりました。

大学まではある程度「どっちにする?」みたいな会話をベースに、みんなと同じ範囲で選択をしてきたのに、就職できなかった瞬間から、周囲から離れ、ずいぶんと遠い場所へ来てしまったように感じました。

そんな私は、就活に失敗したと言われるのも嫌で「内定を辞退した」ということを誰にでも息が切れるくらい長々と説明しました。

逆に「自分の道を進むなんてすごい」[*3]みたいなことを言う人に会うと、それはそれで不安になって「いや、特になんも考えてないんだけどね！」なんて言って、いつか失敗した時の言い訳を作っておいたり……。

今思うときっと〝失敗した〟と思われないことに必死だったのだと思います。

私は同級生のｍｉｘｉにコメントもできず、それでもなおパジャマのまま「答えはどこにあるんだろう」と考えていたのでした。

＊3 自分の道
傲慢なようですが、その時はひたすら「ひとつの市場でいいから説得力を持てる人になりたい」と思っていました。

ブランドやタグに目がくらんだ

有名人だらけのパーティーで

女子大生時代、仲良しの女友達と、とあるパーティーに行ったことがありました。

そのパーティーには有名な人や、偉い人がたくさん集まっていて、そういうものに慣れていなかった当時の私は、ちょっと浮かれてしまいました。

もらう名刺にはすべて一流企業の名前とすごい肩書きが書かれていて、テレビや雑誌で見たことのある人もいる。短絡的なものの見方しかできなかった当時の私は、こういう人と仲良くなると、何かいいことがあるんじゃないかと考えて、パーティーではひたすら〝よい子〟を演じました。

「この人、めっちゃ話つまんないし、同じ話の繰り返しだな」と内心思っていても愛想よく笑い、「高いお酒を、味わわずに一気に飲んだりして、何が楽しいんだ?」と思っても、その場を楽しんでいる演技を全力でしました。

一緒にいた友達が美人だったことと、愛想笑いが気に入られたことにより、私と友達は、とある偉い人に連絡先を聞かれ、個人的なごはん会に誘われました。

友達と2人で帰宅する途中にお誘いメールを見た私は、「うわ、こんな偉い人からごはんのお誘いをもらえるなんて、すごい！」と舞い上がり、なんのためらいもなく「いつにする？」と隣にいた友達に聞きました。

するとと彼女はうかない顔で「え、無視でいいよ」と言います。

「え、もったいなくない？　この人●●の社長でしょ。一緒にごはん食べれるとかすごくない？」と下心をそのまま口に出すと、

「だってあの人、話つまらなかったじゃん。たぶんまた行ってもつまらないよ」という返答。

たしかに。しかもまた飲まされるかもしれないし、今日と同じような数時間がまた繰り返されるなら、全然行きたくない。

そして行ったら、また同じようなメンバーでの同じような飲み会に誘われてしまうかもしれない。そんな面倒な場所に行って、飲みたくないお酒を飲

んで、無理して笑っているくらいなら、家で読みたかった本にどっぷり浸かるほうがよっぽど有意義な時間の使い方です。

ちょっと冷静になればすぐにわかることなのに、私は「有名人」「偉い人」というブランドやタグに目がくらんで、一緒にいるだけで自分まで価値ある存在になった気になってしまっていたのです。

お金持ちで美人な友達は、小さい頃から「お金持ちだから仲良くしたい」「美人だから付き合いたい」という人がまわりに多く、おかげで誰かを表面的な条件で判断しないようになったと言います。

実際、彼女はいつもどんな人にもフラットに接していて、世間的な評価の高い低いに関係なく、本能的な嗅覚で「この人とは仲良くしたい、したくない」を判断しており、その勘は年を重ねるごとに磨かれていました。

彼女は、よい会社に入る人生も選べたはずでしたが、「自分のやりたいことをやりたい」と、世間体のためだけの就職はせず、時間はかかったけれど、今、自分の得意分野で、専門家として活躍しています。

自分の直感を信じる

私も、表面的な条件でいる場所や付き合う人を選んだ時期がありましたが、条件で相手を選ぶ人のまわりは、そういう人しかいないコミュニティになっていくものです。そうなるともっともっと、「誰かにとってのよく見える自分」になりたくなって苦しくなるし、よりよい条件を持った相手と会うと劣等感にさいなまれて、相手を憎んでしまったり環境を憎んでしまったりすることに、ある時、気づきました。

これは美味しい話かどうかではなくてこれは自分が心からやりたいか。有名な人かどうかではなくて会って楽しい時間を過ごせそうか。今では仕事でも、人付き合いでも自分の心の声で決めるようになりました。

自分に何もなければ、相手にどうしても多くを求めてしまうもの。

有名人やお金持ちの考え方、暮らし方に触れてみたいという気持ちもわかります。でも、人はおさまるべきコミュニティに自然におさまるようになっているから、下心ではなく、本心を常に見つめる習慣を身につけるべきだ、と今では思います。

ブランドやタグに目がくらんだ

「自分に合うと思える場所」はどこ？

パジャマを脱いで動き始めたのは、すぐのことでした。このままこの生活に慣れてしまったらそれまでだ、と型にはまれなかった自分が今からなれる何かを探し始めました。

今の夫が当時の彼ですが、ひとつ年上の彼は18歳の頃からすでにアスリートとしてプロの世界[＊1]で仕事をしており、当時は神戸に住んでいました。

就活中は何も言わずに応援してくれましたが、私が大学を卒業してから一度だけ「こっちに来る？」と言ってくれたことがありました。それは、プロポーズなんていうロマンチックなものではなく、就職に失敗した私を見かねて少し同情をしたうえで「しょうがなく」といったテンションに感じました。

今思えば、彼だってその時はチームを移籍したばかり。ようやく自分の力で勝ち取った場所で、プレッシャーはものすごかっただろうし、本来であれ

＊1 プロの世界で　サッカー選手である彼は、18歳の頃にJリーグのチームに入団し、すでにプロとして活動していました。

ば支えてほしい彼女が自分探しに没頭しているものだから、応援もしたいけどどうしたらいいかわからなかったはずです。

今でこそ言葉にできることではあるのですが、私が自分探しみたいなことをするようになったのは、彼の影響がとても大きかったのです。

神戸に来る前、彼は群馬のチームに所属していました。そこでよい結果を出したことでディビジョンが上の神戸のチームに移籍が決まったのですが、群馬生活最後の頃、街で一番大きなイオンでデートしていた時の話です。

エレベータを上がったところでひとりの人が彼に気づき、あれよあれよという間にファンの方に囲まれました。年配の男女や若いカップル、夢見る小さな少年までもが集まってきて、とても幸せな光景でした。

その時、ちょっとだけ離れたところで下がって見ていた私を、何人かがチラッと見ました。たぶん深い意図はなかったと思うのですが、その時の私と言えば、就活も自己分析もうまくいかなくて迷走真っ只中。

「見ないでほしい！　こんなのが彼女だと思わないでほしい！」と深く感じた劣等感を今でも覚えています。

私は面倒な心の持ち主だったと気づきました。もし私が大和撫子みたいに控えめな女性なら、彼が認められるだけで幸せを感じられるのかもしれないけど、実際の私はまず自分のことを好きにならないと彼にも迷惑をかけてしまう。これからの人生をこの人と一緒にいたいけれど、隣で自信を持っていられるためにはどうしたらいいんだろう、と考えるようになりました。

私の性格を知っていた彼は、安易に将来を約束するような話をしなかったし、無言で私の模索を応援してくれていたのだと思います。

とはいえ彼の仕事は本番（試合）[*2]が土日、オフはだいたい月曜日か火曜日の週1日だけ、平日の規則正しい生活こそが彼の軸、ということを考えると、労働条件や待遇など表面的なところがとても気になって、私の理想の仕事探しはさらに難しいものとなりました。

神戸での職探し

彼が「こっちに来る?」と言ってくれてから私がしたことは、神戸での仕事探しでした。ひたすらいろいろな会社を受けるならまだしも、私が受けたのはNHK神戸放送局の契約アナウンサーの仕事のみでした。

＊2 本番（試合）が土日
通常の会社勤めだと、彼の試合がある土日に休めるのはうれしいですが、休日がまったく合うことはないんだ……というのも、当時はとても大きな問題に感じました。

群馬のイオンで味わった劣等感を解消するためか、私もわかりやすく誰かに認知される仕事がしたいと思っていたのかもしれません。あるいは、あいかわらず元ミス成蹊とでも言えばアナウンサーに受かるかもしれないと、どこかで甘く考えていたような気もします。

当然ですが、結果は不採用。漢字テストは満点でしたが、最終面接で市長の名前も県鳥も答えられず、「どうして君が神戸で受験したいのか一切わからない」と言われました。まさか「彼氏が神戸に引っ越したのでついていきたいんです」とも言えず、不純な動機は簡単に打ち砕かれたのでした。

新幹線に乗るお金もないので、泣きながら夜行バスに乗って赤福[*3]を食べつつ、自分の甘さと無駄なプライドが恥ずかしくなりましたが、それ以外神戸の仕事は探しませんでした。東京で何かを見つけてから必ず帰ってこようと思いました。

彼と一緒にいたいという思いが何よりも優先なのだから、仕事はなんでもいいはずなのに、それもできず、とはいえ何がしたいかもわからずに、労働条件だけを見ながら自分に合う職を探すという日々。その頃の私は、わかりやすい肩書きやタグに依存していたんだと思います。

＊3 赤福
余談ですが、どんなつらい時でも、「この先の道のりは長いな」と思うと美味しいものを用意しておくのは、昔から変わっていないようです。

海外に答えを求めたけど、答えがなかった

旅に行けば人は成長する、本当の自分がつかめる、と思っている人は多いと思います。私も「いつもと違った環境の中で自分を見つめ直したい」と、旅に過剰な期待を抱いていた時期がありました。

だからこそ言えるのですが、海外に行くことは、視野を広げてくれても、自分が抱えている人生の問題の本質的な解決にはなりません。

夢の世界一周旅行へ！

私は、高校生の時に読んだ沢木耕太郎さんの『深夜特急』[*1]に猛烈に憧れていて以来、いつかは世界一周しよう、と心に決めていました。

そして大学時代に、その夢をついに実現[*2]します。

70日間で14か国。「これからの人生でなかなか行けなそうな場所」というコンセプトで選んだのは、イースター島（チリ）、ウユニ塩湖（ボリビア）、マ

＊1『深夜特急』
新潮社刊。作家の沢木耕太郎さんが20代の頃にユーラシア大陸を放浪した時のエピソードを綴った紀行小説。バックパッカーのバイブル的な書。

＊2 実現
この旅のエピソードはブログで綴っており、最終的には『わたしは、なぜタダで70日間世界一周できたのか？』（幻冬舎刊）という本になりました。

チュピチュ（ペルー）、ガンジス川（インド）、嘆きの壁（イスラエル）、死海（ヨルダン）、マサイ族の村（ケニア）などなど……。

よく「旅で人生が変わった！」と言っている人が、自分が変わったきっかけを作ってくれたと言っている場所を全部詰め込みました。

1泊数百円の宿、安屋台のゴミみたいなごはん、行き場所を失ってしまった「沈没者」と呼ばれるバックパッカー、旅行者に寄生して生きる現地の人、暴動が日常茶飯事の街、そして世界の宝物のように思える絶景……。旅行中は美しいものも、目をそむけたくなるものもたくさんこの目で見ました。

怪しげな現地の人にだまされたり、ぼったくりに会ったり、数十時間バスに乗り続けたり、なんで濡れているかわからない、びしょびしょのベッドで寝たり……といったバックパッカー界の洗礼も一通り受け、ようやく旅を終えて帰ってきた私は、自分が何か大きなことを成し遂げた感覚に陥りました。

そして、「明日からの私の人生はきっと大きく変わるはず」と確信しました。これだけの大仕事をやり遂げた私の人生はきっと、出発前の日常から数段レベルアップするだろうと。

ところが、成田空港から自宅に戻って、背負っていた35キロのバックパッカーバッグを玄関に置いた瞬間、すべてが出発前に戻りました。

世界一周中にきらめいて見えたお土産は、「なんでこんなダサいもの買ってきたんだっけ？」と不思議になるようなものばっかりだったし、現地で「うわあ！ いい香り！」と思って買った石鹸は強烈な悪臭を放っていたし、大事に持って帰ってきたおやつは、どう考えても日本のお菓子よりまずい。

長い夢から覚めたようでした。

そして、冷蔵庫を開けてヨーグルトを食べて一息つくと「大冒険を終えたバックパッカーの私」は、ただの「卒論の締め切りに焦る女子大生の私」に変わり、淡々とした日常が再開しました。

DVDを一時停止して、また見始めたかのように、あっけなく。

旅行後の私の生活は、今までと何も変わらず、日本にいた頃の私の続きでしかない。

ガンジス川に飛び込んでも、夕暮れのモアイ像を見ても、ピラミッドを見て壮大な歴史に触れても、自分の人生は、変わらない。

世界一周しても、自分の人生は変わらない

ニュースを見た時に行った場所のことが身近に思えたり、その場所の地理や出会った人のことが頭に浮かんだり、といった小さな変化はありました。

でも、根本的に自分が別人になれたかというとそうでもなく、旅に出る前に嫌だなと思っていた自分のクセは旅から帰ってきても変わらなかったし、旅から帰ってきたから偉大な人としてまわりに扱われるわけでもありません。「人生って淡々と続くし、環境をいくら変えても自分は何も変わらないんだな」と実感しました。

そのかわり、旅をしていた時のように自分を異邦人として捉え、目の前の出来事を細かに観察すると、いつもと同じ日常が、二度と経験できない大切なもののように感じられることは学んだので、その後は、常に旅人のような気持ちで毎日を過ごそうとは思えるようになりました。

それが、私が旅から学んだ一番大きなことかもしれません。

海外に答えを求めたけど、答えがなかった

突然降ってきた、海外行きのチャンス

遠距離恋愛していた彼の近くで働くこともできず、東京で仕事探しを再開した私は、就職情報誌を読むのではなく、毎日ネットサーフィンをしていました。イレギュラーな募集、みたいなシンデレラストーリーがあるような気がしていたのです。

経験のある方もいらっしゃるかもしれませんが、ネットサーフィンって終わりがなくて、最初は職を探していたのに、なぜか川柳コンテストに応募していたり、山の中に埋もれているというお城[*1]の情報を調べて自分が第一発見者になろうとしていたり、なんだかもうカオスな日々でした。

そんな時、原宿を歩いていたら声をかけられました。まさにシンデレラストーリーみたいな導入ですが、芸能事務所などではなく、当時ファスト

＊1 山の中に埋もれているというお城
白川郷に埋もれている帰雲城というお城で、実は今も掘り出したいと思っています。女のロマンですね。

ファッションが大流行していて、その日はちょうどロサンゼルスから日本に「フォーエバー21」というブランドが上陸したようで、お店のお姉さんからの「スナップ写真を撮っていきませんか」というお声がけでした。写真を撮ったらもらえるというTシャツか何かがかわいかったので、撮ってもらうことにしました。

「この1週間に撮った写真で『ミスフォーエバー21』というウェブコンテストをやるので、再来週になったらネットをチェックしてみてくださいね」と言うお姉さん。一応、予定日にネットを見たら、なんと最終選考の21人に私の写真があるではないですか。赤と青のコントラストが激しい組み合わせを着ていたのですが、それが外国人の審査員にはウケたようです。

そして本選の日がやってきました。さすがファッションブランドのコンテスト。やたらとおしゃれな人たちがずらりと並んでいました。

私のエントリーナンバーは13番。1番から順に、エントリーナンバーと出身地と年齢、それから今日のコーディネートのポイントを言う、という流れができていました。

「このままだと見かけだけで優勝者が決まってしまう……」と察し、私は名前のみを告げて、「もし自分がミスになったらあんなことやこんなことをして、日本におけるフォーエバー21をこんなブランドにしたいです」といったプレゼンを熱弁。最後には頼まれてもいないのに、くるりと回って、背中にペイントした「アイラブフォーエバー21」の文字を審査員に見せつけました。

外人の審査員はブラボーと手を叩いてくれて、私は優勝しました。景品はロサンゼルスへの往復チケットと、フォーエバー21広告出演用のシューティング[*2]でした。

*2シューティング
シューティングとは写真撮影のこと。この時の写真は世界中のフォーエバー21のウェブサイトに掲載されることになっていたので、とても緊張しました。

夢みたいな海外での仕事、ついに答えが見つかったような気がしました。実際、外国人のメイクアップアーティストやフォトグラファーとの撮影は、まるで海外ドラマのような経験でしたが、4回くらいピザを食べたら帰国の日がやってきて、またいつもの日常に戻りました。

今度はニューヨークへ

でも、せっかく獲った賞だし、期限切れにならないうちに……と、あいかわらず腹黒く〝2007ミス成蹊〟と〝2010初代ミスフォーエバー21〟という肩書きを書いた名刺を作ってみました。

ひとまず名乗れる肩書きができてちょっと安心していた時、あるユーザー座談会に参加することになりました。たまたまそこに来ていたパソコンメーカー「ヒューレットパッカード」の担当者の方にその名刺を渡したら、「今、うちの会社でスポンサーをしている映画の試写会が、来月ニューヨークであって。うちのパソコンを上手に使える日本のファッションブロガーを選出して、その試写会に行く人を探しているんだけどミスフォーエバー21ってことはブログ[*3]もやっているの？　君ってもしかしてファッションブロガー？」と言われ、今日着ている服をどこで買ったかも忘れているくらいでしたが、私はその瞬間、ファッションブロガーになろうと思いました。

そして私はロサンゼルスと同じ月に、急遽ニューヨークに行くことになりました。好きな映画はたいていニューヨークが舞台。ここで劇的な出会いがあったりして……と淡い期待をしましたが、きらびやかな日々は目の前で過ぎていき、案の定ピザを6回くらい食べたら、帰国の日になりました。

ニートな毎日が一瞬だけ忙しくなったその月は、ｍｉｘｉで同級生の友達に「忙しそう」と思われることができたのが、唯一の収穫でした。

＊3 ブログ
就活時代に帰りの電車で自分の考えていることを綴ろうと、匿名で始めたのがきっかけでした。もちろんファッションブロガーになってみようと、ここからはがんばりましたよ。

とにかくいろいろやってみた

一目置かれなくては、という焦り

広告会社時代の私は、ブランドにうんざりしつつも、まだまだブランドを欲しがっていました。たまに会社で「あの子、学生時代はブロガーとして有名だったらしいよ」と言われたり、そのおかげで、おもしろい仕事に混ぜてもらえたりはしたけれど、私はその頃、はあちゅうとしてではなく、本名で認められる実績が欲しくて欲しくてしょうがなかったのです。

「クリスマスまでに彼氏を作るブログ」と「世界一周をタダでするブログ」が注目されて書籍化されて、「あの人、大学時代、ブログがすごかったらしいよ」と言われたところで「じゃ、今は？」と言われたら、胸を張って言えることなんて、全然ない。

同期入社の社員数百人は、それぞれに、いろいろな実績・実力[＊1]を持ってい

＊1 実績・実力
スポーツの大会で全国大会に行っている人、ミスコンの入賞者、マルチリンガル、両親が誰もが知る有名人など……かなわない、と思わされる人だらけでした。

ました。そんな中に入ると、私のブログでの実績なんて特別目立つものではなかったし、「どんな企画出せるの？」「どんなコピー書くの？」と問われた時に、同期の中でさえ一番になれない自覚があったので、焦りました。

当時はとにかく「この会社でも私はバリューが出せます」ということを早く証明したかったです。ブログは書き続けていましたが、大好きなブログでさえも、仕事で実績を作らないうちはただの、「仕事から逃げる場所」になってしまう。

むしろ「あいつ仕事できないくせに、ブログばっかり更新している」と、過去のちっぽけな栄光から離れられないかっこ悪いやつになってしまいそうで、大好きなブログの更新まで後ろめたくなってしまいました。

広告賞を目指す日々

そんなことない、私は仕事だってできるやつだってことを証明したい……そう思った私が取り組んだのが広告賞です。広告業界には、企画の賞やコピーの賞がたくさんあって、それを獲れば「あいつ、仕事もちゃんとできるんだな」と認めてもらえると思ったので、日々の仕事に並行して、賞獲りに積極的に取り組みました。

実際、広告賞を獲ると箔《はく》がつき、社内外での注目度も上がるのです。ただ、広告賞に取り組む時間をとればとるほど、「他に注げる時間を全部使ってまで、広告業界の中で認められたいんだろうか？　私はこの先、広告業界で何がしたいんだろうか？」という疑問はふくらんでいきました。

あの頃は自分をだまして「これが好きなんだ、これが私の生きる道なんだ」と思い込もうとしていたけど、正直、賞のためのクリエイティブ[*2]を考えるのは、そんなに好きなことではなかったです。

やっぱり私は、ブログの延長で自分の経験や考えたことを綴るエッセイを書いているのが何より好きで、賞のための作業をしながらも「これが終わったら、この経験を何かに書きたい」なんて思っていました。

でも、そんなことを考えることも、仕事ができないやつの言い訳に思えたので、まずは実績を作ることが一番だと思っていました。

賞を獲ること以外にも、人とのつながりで仕事を作っている先輩がたくさんいたので、本来の自分のペースよりも活発に人とのお付き合いの時間を増

＊2 賞のためのクリエイティブ
賞によって傾向と対策があります。今年はこんな審査員だから、こういうのが好まれそう……など戦略を立てて広告案を作るのです。

やしたし、ちょっとでも好奇心を持ったことには飛び込んでみました。

セミナーもイベントもたくさん行きました。本も死ぬほど読みました。

あらゆる場所に出かけて、たくさんインプットして、「この業界で認められさえすれば何かが変わるし、この仕事も好きになれる」と思っていました。

「何がしたいか」という大きな目標のないまま、がむしゃらに、広告業界のエリートコースを目指す日々は、まわりから見ると、立派にコピーライター道を疾走しているように見えたかもしれませんが、実際は迷走だったように思います。

また、この会社の中でまずは一旗上げる、と思っていたにもかかわらず、10年後、20年後に自分が電通で働いているイメージは持てませんでした。

ブログは好きだから続けていたのですが、続けた理由のひとつには、広告業界以外の世界と常につながっていたい、自分の将来に保険を残したい、という気持ちもあったのかもしれません。

とにかくいろいろやってみた

なんでもかんでもチャレンジ

とにかくにも、私は3つ目の肩書きを手にしました。〝2007ミス成蹊〟〝2010初代ミスフォーエバー21〟〝ヒューレットパッカード日本代表ファッションブロガー〟その長いカタカナの肩書きをすべて、ネットで作った名刺の裏に書いて、自分にしかできない仕事ってなんだろうと考えながら、暇な毎日を過ごしていました。ただ、動くなら今しかないとも思っていました。

就職して楽しそうに同期会なんてものをやっている友達には、どうにも弱さを見せたくなくて、そのかわりに大人に出会うごとに、これからどうしたらいいかわからないということ、こんなことならできるかもしれないということを、正直に相談していました。

その都度「もしかするとあなたにはこんな仕事が向いているかもしれない」

と知り合いを紹介してもらったり、そこからまた別の人を紹介してもらったり……と、細い糸を決して切れないように紡いでいくような毎日でした。

そのどれもが定職につながることはありませんでしたが、その時は流れに任せてなんでもやってみることにしました。

今思えば、何もわかっていない私に、貴重な時間を割いてくださった方々には本当に感謝の言葉しかありません。メーカーの方の紹介で、デパートの催事で販売員をしたり、アパレルの方の紹介で、倉庫での在庫整理をしたり。女性タレントのホームページを立ち上げるために、事務作業のお手伝いをしたり、IT会社で鶏肉の新しい使い方の提案書を作ったり。[*1]早起きを広めたいという思いで、なぜか勢いでアポを取ってしまい、JAの本社に乗り込んだこともあります（なぜJAだったのかはもはや思い出せませんが……）。

文字通り、なんでもかんでもだったかもしれません。それでいて渡す名刺はカタカナがずらり。

鶏肉の新しい使い方を提案をしている時も、ファッションブロガーと名乗ってしまっている手前、なんだか派手な組み合わせの服を着ていたし（本

＊1 早起きを広めたい
「よい朝がよい1日を作る！」と思い、朝活推進委員会というものを発足し、委員長を名乗って名刺まで配っていました。ちなみに副委員長までしかいません。

来ファッションブロガーというのはそれだけじゃないと思うのですが）、相手の方はきっと「この人何がしたいんだろう？」と不思議だったに違いありません。自分でも不思議でした。「自分は何がしたいんだろう……」と。

父から言い渡された「締め切り」

私がこんな日々を過ごすことができたのは、実家にいたからです。家に少しだけお金を入れれば、後は困ることがありませんでした。それに甘えて、目の前のことだけを考えていられました。

しかし、ある夜リビングに呼ばれ、上海で起業して20年近くになる父からこう言われました。

「就職しなかったのであれば、複数の収入源でもいいから、半年以内にみんなと同じくらいの固定給[*2]を得られる仕組みを作りなさい。できなかったら家を出て行くように。このまま社会のお客様でいてはいけない。萌ならできる」

私のこの悪あがきにも、ついに締め切りができてしまいました。

その翌週、鶏肉の提案書が通りました。とは言っても大きな仕事ではなく、

＊2 固定給
この時期は、何か単発の仕事をしたらちょっと収入が入って、でも翌月は全然なくて……と、不安定そのものでした。

依頼してくれたＩＴ会社の仕組みを使えば、私ひとりで運営できるようなものでしたが、じわじわと嬉しかったのを覚えています。

父との会話が、私の中で仕事に対する姿勢を少しだけ変えるきっかけになりました。必死ながらも、どこかでなんとかなると甘えていましたが、数字で目標が見えた時、鶏肉屋さんに提案する言葉に具体性＊3が生まれました。

学生に毛が生えたくらいの私が、誰に教えてもらったわけでもなくプレゼンをしているのですから、当然と言えば当然ですが、それまではわかりもしない大きなところを見つめて、認められたいという気持ちが全面に出た、自分本位の企画を立てていたんだと思います。

バイトだってなんだって、自己実現みたいなきれいごとを並べて選んできたけど、必要なお金が明確な数字になって初めて、誰かの役に立つことで対価としてもらうのがお金であるということを実感しました。

社会人になると言うことは、社会というすべてのお客様に対して自分ができることで貢献していくことなのかもしれない……。

「これ以上社会のお客様でいてはいけない」という、父親に言われた言葉を頭の中で繰り返していました。

＊3具体性
誰かの役に立つことが「仕事」なんだと気づき、鶏肉屋さんからヒアリングした内容をヒントに提案書をまとめました。内容は、鶏肉を加工する時に出てくるコラーゲンを活用した化粧品開発。コスメに興味がある一般のＯＬさん15名を集め、チームを結成しました。

「いい大学に入って、ブログがヒットして出版や世界一周までして、いい会社に入って……」とインタビューなどでは「うらやましい」でまとめられることもある時代ですが、心のどこかでずっと「これでいいの？」という葛藤がありました。でも、背伸びをし、ハッタリで乗り越えたこの時代があったからこそ、今の自分を好きでいられます。

とにかく何かになりたくて、だけど何をやればいいのかも、やり方もわからないことが不安で、毎日が全身で貧乏ゆすりしているような時期でした。
ひたすら名刺に書けることを探して、何者かになろうとしている何者でもない不安定な自分。ただ、この時立ち止まらずに「こんなはずじゃない」と、走り続けたことで、私の走った場所に道ができました。

PART
2

「私」がだんだん見えてきた

転機となった“試行錯誤期”

Try
and
Error

「今いる世界」から抜け出してみる

経沢香保子さんとの出会い

電通社員として2年目の春に、女子大生のためのイベントへの出演を依頼されました。当時は、会社の仕事に集中したいと思っていたので、イベントへの登壇は控えていたのですが、そのイベントでは、トレンダーズというベンチャー企業の創設者であるカリスマ女性社長、経沢香保子さん[*1]もお話しされるということで、一も二もなく、承諾しました。経沢さんは、私が大学時代からいつか会ってみたいと憧れていた相手だったんです。

後から聞くと、経沢さんのほうでも私にいつか会ってみたいと思ってくださっていたらしく、お互いに引き合っていたのかな、なんて今は都合よく解釈しています。

経沢さんとはイベント当日はあまりお話できなかったのですが、その日に手紙を渡すと読んでくださり、「ランチに行きましょう」と誘ってくれまし

＊1 経沢香保子さん
株式会社カラーズ代表取締役社長。26歳の時に自宅でトレンダーズを設立し、2012年、当時女性最年少で東証マザーズ上場。2014年にカラーズを創業し、オンラインベビーシッターサービス「キッズライン」を運営中。

た。ランチの時に聞いた、経沢さんのベンチャー企業を率いる日々は、終身雇用が当たり前の大企業を就職先に選んだ自分とは縁遠い世界に思えたのですが、「こういう生き方もあるんだな」とうらやましくもなりました。

その後経沢さんからはメールや電話で連絡がありました。ブログのことを聞かれたり、人の紹介を頼まれたりしたように思います。全部で数回だけでしたがなぜかいつもタイミングよく返すことができました。

当時は打ち合わせなどが長引くと、何時間も電話に出られないことなどがざらな生活でしたが、経沢さんからの電話にはなぜかいつもすぐに出ることができたので、「この方とは相性がいいな」と思ったのです。

そんなふうに、つかずはなれずの半年を過ごしたある日、突然経沢さんに「今度ランチでもしませんか」とお誘いいただきました。

指定されたイタリアンレストランに行くと、休日モードの経沢さんがいらして、席につくやいなや「うちの会社に来ませんか?」と言います。

「これって、ドラマとかでよく見る引き抜き? スカウトっていうやつ?こんなこと現実に自分の身に起こることなんだ」という驚きの後に心に湧いたのが「どうやったら角を立てずにうまく断れるだろう?」ということです。

経沢さんのことは好きだったし、嫌われたくない。けれど、私には「電通コピーライター」という約束された未来がある。当時私がいた局ではコピーライターは、10年かけてやっと一人前、という思想があったので、「こんな、何もわからないままに辞めてはいけない」という考えもありました。

「5年後」の理想の自分

私が「ちょっと今は、会社を辞めることは考えられません」というと、経沢さんに「5年後、どんなふうになっていたい?」と唐突に聞かれました。

あまりにも突然だったので、答えを用意していなくて、とっさに出たのは「いろいろなところを旅しながら本を書きたい」[*2]という言葉でした。

でも、そうやって反射的に出てきたその言葉は、私が電通にいるから、とかコピーライターになりたてだから、とかそういった今の自分の条件を無視して、すべての制約がなくなった上での理想なのだとわかりました。

経沢さんはさらに「それ、今の生活を続けていたら叶うの?」と畳みかけます。

*2 いろいろなところを旅しながら本を書きたい

その時急に思いついたようでいて、実はずっと、こんな暮らしをしてみたいと思っていました。もしそれが運命なら誰かがor何かが勝手に私をそういう状態に持っていってくれるんだと都合よく考えていました。

そういえばそれまでにも「いつか旅をしながら本を書けたら」なんて考えたことはありましたが、それは、私にとって叶うかわからない夢でした。もっと踏み込んで言うと、勝手にそうなるんじゃないかとどこかで夢に期待していたんです。でも、その時にはっとしました。

「なんでこのまま働いていたら、理想の生活が送れると思ったんだろう？電通にいたら、何年働いても電通の人で、本を書きながら旅してる人なんていないって大勢の先輩たちが証明してるじゃん」と。

その時初めて、自分の未来って今の自分が作るものなんだな、と人生が自分主導のものだということを実感したんです。

もちろん、トレンダーズに転職したからと言って、夢が叶うわけでもないのですが、少なくとも、電通にそのままいて「絶対に夢が叶わない」未来を作るよりは、人と違うことをしてみようと思いました。今までずっと型にはまろうとしてきて、うまくいかなかった。だから、今度は型から外れてみようと思ったんです。

その翌日、私は電通に退職届を出しました。

「今いる世界」から抜け出してみる

偽りのファッションブロガー

父から「締め切り」を設けられたものの、私はあいかわらず奇抜な服を着て、ファッションブロガーぶっていました。

乏しい知識のまま、好きな靴はこれで、好きな服はあれで、なんて話をしつつ、それだけではもちろん食べていけなかったので（むしろ赤字）、名刺と内容の合わない仕事もたくさんして、それでも父との約束の固定給は稼げずに苦しんでいました。

その頃はなんとなくファッションブロガーコミュニティのようなものもできていて、誰がどのパーティー[*1]に呼ばれたとか呼ばれてないとかで、みんなが一喜一憂したりしていました。

私もいつのまにかそれで一喜一憂するようになっていて、パーティーに呼ばれることが自分の幸せだとすら思っていました。

＊1 パーティー
ファッションブロガーはブランドのパーティーに呼ばれることがステータスで、それをブログ記事にすることで仕事になったりしていました。

きっかけも忘れてしまいましたが、ある日そのコミュニティ内で、当時の私にとっては深刻ないざこざがありました。自分を全否定されて、家族や彼まで巻き込む事態になり、もろく壊れた目の前の現実を見て、もうこの世の終わりだと思うほど落ち込みました。

ただ、その日のお天気がとっても快晴だったので、美容院に行って思いっきり髪を切り、銭湯[*2]に行って牛乳を飲んだら、なんだかもうそこにしがみつこうとしていた自分が、バカらしくなってきました。

そもそも本当にファッションが好きだったり、詳しかったりするならまだしも、フォーエバー21のミスになったから、ニューヨークに行ったから、全部活かさないともったいない、と1年近くなんとなくファッションをわかっているようなフリを続けてきただけなのです。

そんなのは、本物のファッション好きにはバレバレだろうし、だいたい私は、真っ白な壁の前で立って成り立つコーディネートなんて全然わからない。それよりもピクニックっぽい格好とか、いちご狩りに行った後に温泉まで行

＊2 銭湯
ちなみに、嫌なことがあると必ずお風呂にゆっくりつかります。それが高じて今は温泉ソムリエになりました（笑）。

けちゃう格好とか、シーンに合わせて服を選ぶほうが好きなんだ！[*3] と開き直ることにしました。

牛乳をすっかり飲み終わって、自分の携帯のカメラロールを見たら、ほとんどが朝ごはんの写真でした。

毎日仕事を模索しながら、出社場所も出社時間も決まっていない中で、なんとか予定を入れて家を出るようにしながら暮らしていた私の、唯一のモチベーションが朝ごはんだったのです。

当時の私は「もういいや」と思った瞬間にやっぱりただのニートになるし、自分を奮い立たせるためには「今日をちゃんと作っていこう」という気持ちで、1日を始める必要がありました。そんな時、心地よい朝ごはんを用意しておくと、1日が心地よく過ごせると思っていたのです。

私はファッションブロガーコミュニティを抜け出し、ブログにも徐々に朝ごはんの写真を載せるようになりました。そうすると、自然に自分の言葉が出てくるようになりました。誰かにどう思うかを聞かなくても、満足する写真を撮れるようになりました。

＊3 シーンに合わせて服を選ぶ
あとは、突然海に誘われても大丈夫なおてんばコーデとか……結局、服に興味があるのではなく、そのシーンを作り出すことが好きだったんだと思います。

自分の本心はどこにある？

ファッションブロガーを名乗らなくてはいけないと思っていた時は、ブログにどんな投稿をしたらいいかわからなかったし、意識が向いている先はブログの読者さんというよりは、まわりのコミュニティに自分がどう思われるかだったりもしました。とても小さい場所を見ていたんだと思います。

だけどその時はそれにも気づかず、他のブロガーさんから「これいいよね」と言われれば、本当に「いいよね、欲しい！」と思っていたような気もします。

周囲の環境というのは本当に大事で、みんなが同じ価値観の中にいると、自分の本心がどれであるかはわからなくなるのです。＊4 自分の身を置く場所をひとつに決めないことや、たくさんの人の価値観に触れることが〝本心〟を作っていく大切なポイントなんだと思います。

＊4 自分の身を置く場所をひとつに決めない
多彩な職業の人に触れること、趣味を持つこと、旅行をすること、人と会ったら質問をすること、映画を観ること、恋をすること……いろいろな方法があります。

小さな成功を積み重ねていく

仕事と作家活動、両方が回り始める

トレンダーズでの日々は初日から、てんやわんやでした。

それまでの大企業とはルールも何もかも違う。でも、一番違ったのは仕事に自分の名前が出ることです。

これは業界ルールというより、たまたま私が関わった案件がそうだったのかもしれませんが、電通時代はなんの仕事に関わったかをあまり表に出せませんでした。コピーを書いても、それが私のコピーだということは、関係者以外はわからない。でも、トレンダーズでは[*1]美容サイトの編集長を任されたので、編集長として自分のSNSを使った発信もたくさんしました。

電通時代、中途半端な気持ちで仕事をしていたわけではありませんが、やっぱり、自分の名前が表に出るおかげで、いっそう、気が引き締まりました。

*1 美容サイトの編集長
キレナビという美容サイトの責任者として、営業やアクセス数や売上の管理をしていました。

サービスの評判が悪くなれば、私の評判も悪くなる。だから、常に仕事とは一心同体。

また、広告会社時代とは違って、成果を数字で出すことを強く求められました。クリエイティブの良し悪しというのはなかなか数字に換算できず、コピーライター時代は、仕事と数字を結びつけることがあまりなかったので、最初は、数字で毎日目標を追うことがとてもつらく感じました。

でも、だからこそ、それを達成できた時の喜びは大きい。

いかによいクリエイティブを出すか、ということと、いかに数字で結果を出すかというのはまるで違う脳みそを使う仕事だったからこそ、ビジネスパーソンとして大きく成長していることを、トレンダーズでは感じました。

仕事で充実し、時間に追われる日々の中、ブログを続けていたことが功を奏して、ウェブメディアなどからコラムの連載も頼まれました。

最初に決まったのは、広告業界を一歩出た視点で広告業界を見つめなおし[*2]たキャリアについての連載。そして次に依頼をもらったのが[*3]恋愛をテーマとした連載です。

*2 キャリアについての連載
「PRガール」
http://www.advertimes.com/author/ito_haruka/

*3 恋愛をテーマとした連載
「毒吐きはあちゅうのアラサー恋愛入門」
http://am-our.com/love/100/recent_post/

朝から晩まで身を粉にするほど働きながら、原稿を毎週提出するのはかなり大変でしたが、その反響は大きく、ついにはそのサイトの看板連載と言っていただけるまでになりました。それだけではなく、その連載を見た人から新聞と雑誌の仕事依頼が舞い込み、新規の連載が立て続けに決まりました。[*4]新聞も雑誌も、作家を志していた私にとっては夢のような舞台でした。

当時は27歳。「書くこと」で生きていくことへの光を、ようやくつかんだ瞬間です。会社員と作家を兼業しているということで、取材もたくさん受けました。新聞やテレビに出る機会もいただきました。

仕事を逃げ場にしている？

2年ほどして、私が編集長を務めていた美容サイトは他社に売却することになり、今度は、動画サービスの新規立ち上げを任されることになりました。立ち上げ前には、会社としては初めての海外出張にも連れて行ってもらえて、会社員としての充実も感じつつ、バランスをとりながら作家のお仕事も続けていました。けれど、仕事が充実すればするほど、会社の居心地のよさにどっぷりつかって、自分を甘やかしているような気持ちにもなりました。

＊4 新聞と雑誌の仕事
毎日新聞と『アンアン』（マガジンハウス刊）の連載が決まりました。

そして、もっともっと書くことに専念したい、という気持ちが湧くにつれて、私は夢から逃げているんじゃないか、という焦りを感じるようにもなったんです。

高校生の時に一度はあきらめた「小説[*5]」。実は会社員時代も、途中まで書いては捨て、途中まで書いては捨て、を繰り返していました。そして、完結できないのは自分の根性がないからなのに、「時間がないから」「会社の仕事も半端にはできないから、今は連載でいっぱい」と自分に逃げ場を作っていました。

新規事業を無事に立ち上げてから約半年後、ちょうど会社の組織改編が行われることを知った私は、「辞めるなら今だ」と背中を押されたような気になりました。そして、6年弱の会社員生活に終止符を打って、フリーランスになることを決めました。

＊5 小説
2016年4月30日に念願だった初小説『とにかくウツなOLの、人生を変える1か月』(通称「とにウツ」・KADOKAWA／角川書店刊)を出版できました。

小さな成功を積み重ねていく

「紹介する」側から、「紹介したい」を仕掛ける側へ

「おしゃれな人だと思われなくっちゃ！」という気持ちが一気になくなってからは、自分がときめく写真[＊1]を撮ってブログに書くのが本当に楽しくなりました。もちろんこの時点で収入は何も変わっていませんでしたが、心は妙に落ち着くようになりました。

その時も「ファッションブロガー何人かと一緒に来て」とイベントやパーティーに誘われることは続いていましたが、そこで自分なりの提案をしてみるようにしました。

かつては大多数のブロガーのうちのひとりとして呼ばれていましたが、「このコンセプトなら、ケータリングはきれいな器じゃなくて木に置いてみるのはどうでしょうか」とか「お土産は企業ノベルティのマグカップより、フランスパンのささったカゴのほうが写真に撮りたくなるはずですよ」とか言っ

＊1 自分がときめく写真
朝ごはん以外にも花など、自分なりの視点で切り取ったものを撮っていました。自分自身が被写体になることが、私には合わなかったんだと思います。

ているうちに、徐々に「ブロガーさんが記事にしたいと思うようなコンテンツを一緒に作れない？」と、制作側に入らせてもらえることが増えました。

いくつかやっていくうちに、ある時イベント制作会社の方から「ライフスタイルプロデューサーの村上萌さんです」と人に紹介されました。それがとても嬉しくて、次の名刺にはこれまでの長いカタカナの経歴を消して、その肩書きだけを書いてみることにしました。

今思えば肩書きを見つけて安心している時点で、まだまだタグに依存していたわけですが、紹介が心地よいと思えたのは、初めてのことだったのです。

これは、インタビューなどでも話したことのあるエピソードですが、「ライフスタイルプロデューサー」という肩書きで仕事をしてみよう、と思ってから個人で関わった最初の企画は、原宿にあるTHE SHARE[*2]という、ショップとシェアオフィスとシェアハウスが併設された、複合施設のオープニングパーティーでした。他のブロガーたちとパーティーを盛り上げに来てほしいと言われた時に、ぜひコンテンツを作らせてほしいと提案をしました。

私が担当したのは、シェアハウスの1部屋をプロデュースさせてもらう企

*2 THE SHARE
食と職と住が一体になった、わくわくするような複合施設。築48年の建物をリノベーションした建物もかっこいい！ https://www.the-share.jp/

画でした。予算が多いわけではありませんでしたが、実績もない私にやらせてもらえるだけでもありがたかったので、「原宿でシェアハウスに住むならこんな感じだといいな……」という願望をそこに詰め込んでみました。

自分が毎日過ごしていた朝の心地よい時間を思い描いて、その部屋も土曜日の10時という設定に。近くに代々木公園があったので、女の子がちょうど自転車で公園へ出かけていったばかり、というストーリーを考え、飲みかけのコーヒーやプレッツェルも出しておきました。

その部屋はかなり評判がよかったようで、男性も含めて内見に来てくださった方の多くが、その部屋を見て「こういう女の子が暮らしている生活は理想的！」と入居を決めてくれたそうです。

私も部屋の写真をしっかりと撮って、そこに込めた思いをブログに書きました。カリスマブログみたいにアクセスがたくさんあったわけではないので、それで速攻効果があるということでもありませんでしたが、何よりも自分がその記事を書いているのが楽しかったのです。

自由奔放に育ててくれた両親のもとで〝実験料理〟と銘打っていつだってキッチンにこもって実験をしていたからか、目の前のものがこんなシーンの中にあったらいいな、これとこれを組み合わせたらよさそうだな、というのを提案するのは、私の唯一の得意技でした。

仕事が次の仕事を連れてくる

するとブログを見てくれた知り合いが「実は毎年ジュエリーの展示会をやっているのだけど、若い人がどんどん来なくなっちゃって……。どんな展示会にしたら来てくれるんだろう」と打診してくれたのです。

「絵本の中に出てくるみたいな、休日のティーパーティーを開催して、その中で展示会をやりましょう。ジュエリーを身につけるというシーンを楽しめれば、きっと展示会も楽しくなります」と提案して、全力でティーパーティー[＊3]を開催し、それをまた何記事にも分けてブログを書きました。

そうすると「ベーグルが売れるようになるには……」「歯を磨くのが楽しくなるには……」と声をかけられることが増えました。すでにできているものや誰かのパーティーに行ってそれを紹介する立場だったのが、いつのまにか逆のサイドにある、「書きたい」とか「欲しい」と思ってもらうための何かを作る側にまわるようになりました。

＊3 ティーパーティー
画家の友達に描いてもらった絵画にジュエリーをつけて展示するなど、「不思議の国のアリス」のティーパーティーのようにちょっと不思議な世界を作りました。

幸せについて本気出して考えてみる

目の前にある幸せに気づく力

私はずっと、自分の幸せはいつも、自分ががんばって、がんばって、がんばった先にやっとつかめるものだと思っていました。

高校受験中は、大学に受かったら幸せだと思ったし、大学在学中は、就職が決まったら幸せだと思いました。就職が決まったら、何か仕事で実績が出たら幸せだと思ったし、そうやって、幸せを先延ばし、先延ばしにしてきました。

何かを達成しないと幸せなんて感じたらダメだという、負の思い込みがあったんです。

でも、「こうなったら幸せ」という理想はどんどん更新されていくから、「こうなれば」という条件付きの幸せだといつまでたっても、苦しい自分がいました。

幸せについての条件にこだわっている時は常に、自分の足りないところを[*1]探しちゃうんです。

だから、私はいつも自己評価が「足りないところだらけの私」でした。

そのせいで、何かちょっとつまづくと「だから私はダメなんだ」と思う癖がついてました。


でも、そういう負のオーラを出しまくる自分が嫌だったので、幸せそうな友人をたくさん観察して、どうしたら幸せに毎日を過ごせるのか、徹底的に研究してみました。

すると、幸せそうに見える友人たちは、本当に「え、そんなこと?」と思うようなことで、幸せを感じているのに気づきました。

彼女たちの幸せは、高級なバッグを買うことだったり、株で大儲けすることだったりじゃなくて、例えば、朝起きて丁寧にいれたコーヒーが美味しかったり、恋人に会う時間がいつもよりゆっくり取れたことだったり、スーパーで野菜がいつもより安くてちょっと得したことだったり……そんな、何気ないことだったんです。

＊1 自分の足りないところ
たとえば、英語は得意なのに「でも中国語はできないし」とか、「帰国子女の人には負ける」と思ったり、自分の容姿を芸能人と比べて落ち込んだり……。

それに気づいてからは、「こうなったら幸せ」という条件を追い求めすぎず、「今目の前の幸せ」に気づくアンテナを磨くことを意識しました。

自分の仕事に誇りを持つ

私はやっと念願の、文章を書く仕事についたのに、「でも、インターネットで読まれる文章なんて、わざわざ買ってもらう本で読まれる文章に比べて価値が低いよね」と、自分の文章の価値をものすごく低く感じていました。

けれど、ある時、先述の経沢香保子さんが「本は、本を開く時しか思い出してもらえないけど、ブログの読者は、ネットを開くたびにはあちゅうを見るんだから、はあちゅうは1日1回思い出してもらえるんだよ。それってすごいこと。本ではできないことだよ」と言ってくださったのです。それから、自分の仕事に対して誇りが持てるようになりました。

それまでは「ネットに書く文章はウォームアップの記事、紙に書く記事が本番」のように思ってしまっていたところがあるんです。

でも、そうじゃないんですよね。

読者の多い・少ない、原稿料の高い・低いにかかわらず、読者は読者。

だから、勝手にこちらで、読者や仕事の価値の高い低いを決めるなんて、おこがましいにもほどがあります。

以前の私は「書籍でのベストセラーを出していない私は、文章を書く人間として半端者だし、ベストセラーを出すまでは全然幸せになんてなれない」と思っていました。

でも、幸せアンテナを磨いてからは「書けば読んでくれる人がいるこの環境自体が幸せなんだ」と考え方が変わりました。

結果として、すごく気持ちも安定したし、表現において、既存の価値観にとらわれない、新しい挑戦がいろいろできて、「ネット時代の作家」[*2]という独自のポジショニングを取れることになりました。

幸せを感じる能力を高めると、仕事への誇りや自信も生まれ、仕事への結果ではなく、プロセスに幸せを見出すことができるようになります。

私もそうなってからは、1日の中の幸せの時間がぐっと増えたように思います。

＊2 ネット時代の作家
紙の本の印税を主体とした従来の作家さんとは違い、ネットと紙媒体の両方から収益を得ると同時に、読者との結びつきの場所を「オンラインサロン」や月額制デジタルマガジン「月刊はあちゅう」など複数設けています。

幸せについて本気出して考えてみる

正解は、そこにはなかった

ふりかえってみると、学生時代や就職活動の時、そして卒業してからも、私はいつも「自分にはここじゃないどこか正解の場所がある」と思って、ひとつひとつの出会いや出来事に答えを求めてきました。

なんだろう、よくドラマや映画でありますよね。主人公が夢の中で「ない、ない、ここにもない……!」とか言って、いろいろな物をひっくり返したりしながら探し物をして、ガバッと起きる汗だくのシーン（そんなのないか?）。自分の働く場所を見つけるまでの数年間は、私にとってそんな時期だったような気がします。

いろいろなものをひっくり返しては、あれも違う、これも違うと元に戻してまた走り回る、[*1]自分が置いていったものを誰かが持っていくと、それが正解だったような気がして焦ったり、なんだか終わらない探し物をしている気

＊1 自分が置いていったものを誰かが持っていく
たとえば選択しなかった授業や、行かなかった就職説明会。行かなかった友達との集まりまでもが気になっていました。自分のした選択に自信がなかったんだと思います。

分でした。

誰かが仕事で楽しそうにしていると「ふ、小さな世界で満足してるな」なんて思ったし（自分は毎日家にいるニートだったのに……）、「やっぱりもっと勉強したくて就活をやめて留学しました」なんてことを聞くと「お嬢様か！」と心の中で叫んだし、ずっと探し物をしている私にとって、誰かの幸せは少しまぶしすぎてつらいものでした。

探し物の途中、何度もこれが正解では？　と思うチャンスがありました。ミスコンで1位になったら、海外に行ったら、何か変わるかもしれない。そう思いながら走ってきたけれど、正解に見えたことも過ぎ去ると過去、チャンスだと思ったものはどれも正解ではありませんでした。

正解を手にできなくて、何者にもなれなかったとしても、「自分である」ということだけは変わらない。ある時、「私の中に何があるんだろう？」と少し自分を見つめてみることにしました。たいしたものは詰まっていませんでしたが、そのどれもが自分にとってはかけがえのないものでした。

〝両親の存在〟〝これからも一緒にいたい彼の存在〟〝テニス部で培った根性〟

〝「牛角」のバイトで養った威勢のよさ〞〝木登りが誰よりも上手で自慢だった、おてんば精神〞……。

かつては、翌朝目覚めたら突然正解がわかったり、何者かになれたりするような気がしていましたが、考えてみれば自分が持っているものはこれくらいで、失いたくないものもこれくらいでした。

そうすると、なんだかこれまでは正解と幸せが同じ場所にあるような気がしていましたが、自分が幸せだと感じられることをじっくり探していくことこそが大事なような気がして、じわーっと温かい気持ちになりました。

遥かな理想よりも、自分なりの幸せ

次に自分にとっての幸せを考えてみることにしました。そしてそれはいたって平凡なことでした。

いつだって明日も楽しみだなと思いながら眠りについて、誰かに必要とされて役に立てて、人の幸せをちゃんと喜べて、大切な人に何かをプレゼントしたい時に迷わず使えるお金があって、そしてまた明日を楽しみに眠れること。それだけでした。

自分とは違う何かになるんじゃなくて、幸せな人になるためにはどうしたらいいんだろうと思ったら、〝成し遂げたいこと〟や〝すごいと思われること〟をただひたすら増やすのではなくて、同時に〝できること〟と〝誰かの役に立てること〟も増やしていこう、と思いました。

正解はひとつしかないけど、幸せは人の数だけあるような気がする。

そんなふうに思うと、数学は苦手だったけど国語は得意で、いつだってオリジナルの解答を先生に褒められていた私は、なんだかここから自分なりの幸せを作っていけるような気がしたのです。

理想を追い求める日々の中で一度立ち止まって、自分の幸せについて考えてみたことは、「自分探しをする時期」から「自分の仕事を作る時期」へと移り変わる際に、とっても大事なターニングポイントとなりました。

収益を生む（マネタイズ）能力を磨く

ITベンチャーで徹底的に学んだこと

美容サイト編集長時代も、新規サービス立ち上げ時代も、すべては予算との戦いでした。こんなことやりたい、と思っても、なかなかそれが実現できるような予算はない。でも、予算の中で目標を達成することが仕事なのだと腹を括ってからは、予算がない分、知恵を働かせることを覚えました。

ベンチャー企業時代に「前例のないこと」を常に求められた経験が、その後フリーランスになって自分でどんどん仕事を作らなくてはいけなくなってから、すごく活きました。

電通時代は、「前例のあること」のほうが通りやすかったので、必死で前例を探しました。でも、トレンダーズに移ってからは「他の人がやっていない奇策」の提出を毎日求められましたし、スピード感も全然違います。

コピーライター時代は、サイトに載せる文章でも、1週間考え続けることが求められました。その考えた結果を、コピーの師匠が見て、選んでからお得意先に提案するのです。けれど、トレンダーズでは「サイトの文章のここを考えて」と午前中に言われたら、午後には提出し、夕方にはサイトに載っていました。

「反応がよくなかったらまた変えましょう」と、常にトライ&エラーの体質。これは、ITベンチャーの特性かもしれませんが、まずはやってみて、ダメだったら、違う策を練るというこの循環が、ものすごく早いスピードで回るのがネット業界でした。

雑誌や新聞の連載も楽しく書かせていただきましたが、ウェブだとリアクションがすぐに来るので、「この連載は評判がよかった」「今回は、思ったよりウケなかった」というのが毎回、確かな手ごたえとなって返ってきました。

そんな中でひとつの法則を見つけました。

それは「これは絶対におもしろい」と自分が自信を持てるものは、ある程度の支持を受けるということ。細部までこだわれば、ちゃんとそのこだわりは、受け手に届くということです。

自分がよい、と感じたものをいかに、目に見える形（それが文章なりサービスなり）にして提供できるか。ウェブで注目を浴びるものには2種類しかなくて、最高のものか最速のもののどちらかです。そして、そうやって、世の中にないものを作りあげると、人はちゃんと価値を感じてお金を支払ってくれるのだということを学びました。

収入源はひとつに絞らない

トレンダーズ時代、自分が担当しているサービスが他社に売却されるという経験をしたのは先述の通り。会社の経営判断ですし、新たに与えられた新規事業の立ち上げという課題もおもしろかったのですが、「何かひとつの事業にだけ力を注ぐことの怖さ」は身をもって知りました。

会社には他にもお金を稼げるサービスがあるからよいものの、もしも個人でサービスを運営していたら、明日からお金が入ってくるあてがなくなってしまいます。この経験は、フリーランスになってからは、常に複数の収入源[*1]を持つことと将来への投資をすることへの意識につながりました。

ベンチャー企業でいつも社長のそばで会社経営を目の当たりにした経験を

＊1 複数の収入源を持つこと
会社員でも、フリマアプリで物を売ったり、趣味のイベントを開催してみたり、ブログ収益を得たり、人やお金を動かす経験をしていると、いざ職を失っても数か月は大丈夫という自信がつくはずです。

活かして、個人でも〝小さな会社〟であるかのように考えて動くことにしたのです。今はいわゆるオールドメディア（紙媒体）での仕事の他に、ウェブでも、オンラインサロンの運営や、[*2]有料課金メディアの運営をしていますが、それは、こういった経験に基づきます。

それから、目標を達成するためにはなりふりなんてかまっていられない、というある意味での厚かましさも会社員時代に徹底的に身につけました。

私は[*3]SNSを使っていつも泥臭く自分の宣伝をしますが、それは、「自分の宣伝をするなんて恥ずかしい」とかっこつけていても、誰も私の宣伝なんてしてくれないから。国民的美少女でも、人間国宝でもない私の宣伝なんて、誰がしてくれるんでしょうか。

1回つぶやいてもダメなら、10回つぶやく。自分でつぶやいてダメなら誰かがつぶやいてくれたことをリツイートする。それでもダメなら、時間差でつぶやく。かっこ悪いことも率先してやってこそ、誰かの心が動くんだと思っています。これも、トレンダーズ時代に「目標への執着心を持つこと」を徹底的に叩きこまれたおかげです。

＊2 有料課金メディア
noteというツールで複数の連載を更新中です。
https://note.mu/ha_chu

＊3 SNSを使って
ブログ、ツイッター、フェイスブック、インスタグラム、スナップチャット、ユーチューブなどを使っています。

収益を生む（マネタイズ）能力を磨く

仕事に一貫性が生まれてくる

ライフスタイルプロデューサーという肩書きで仕事をするようになって、なんだかうまく回り出したように書いてきましたが——まぁどの仕事も一生懸命やりましたが、正直、なんの戦略も、プロデュースに関する理論的な裏付け[*1]もありませんでした。

だからこそ必死でしたが、お金の面で言うと、そこにももちろん戦略なんてなく、とにかくひとつの仕事を全力で終えると、どこからかひょっこりまたひとつ話が来て食いつないでいく……みたいな状態でした。

自分しか名乗っていないような肩書きで仕事をいただけるんだから、それだけでありがたくて、「いくらください」なんてことは、とうてい言えるもんじゃありませんでした。向こうが思う額が今の私の価値なんだと、無知のくせに悟りすらひらいていました

＊1 理論的な裏付け
だからこそ、最初は自分が共感できる市場のみに絞ってプロデュースしていました。そうこうしているうちに、だんだん自分の中で根拠と確信が生まれるようになりました。

ただ、過去の事例を出せるようになったのは、私にとって大きなことでした。自分の仕事の値段を伝えるのは気が引けても、「ちなみに前回こういうケースの時は……」と以前の例を伝えると、だいたいその前後の額に落ち着くのです。

それだけでなく、仕事で今と過去を比較できるというのも、私には嬉しいことでした。

というのもそれまでは〝在庫管理〟の時もあれば〝販売スタッフ〟の時もあるなど、毎回まったく違う種類の仕事をしていたので、比較する余地もなかったのです。それが、案件が変わっても、自分の関わる領域に少しずつ一貫性が出てきたのは、とても嬉しいものでした。

とはいっても、半ば無理矢理「ライフスタイルプロデューサー」というものを成り立たせようとしていた、ということもあるのですが……（というかこの肩書きが長すぎて、以降ＬＰと略したいほどですが、もう少々お付き合いください）。

いずれにしても、そんなふうに先方から言っていただく値段を次回の相場としながら、ひたすら目の前の仕事に全身全霊で仕事をしていました。

ギリギリで収入目標をクリア！

父との約束を果たせたのは、約束の期限になる月でした。

本当は、何か堂々と報告できる「ひとつのこと」を見つけたいと思っていましたが、その時点で私が見つけたのは、ライフスタイルプロデューサーとしてではなく、今、自分ができることを掛け合わせて、ようやくみんなと同じ月収にたどり着けるくらいの〝やり方〟のみでした。

今までと少し変わったのは、興味のままになんでもやってみるのはひとまず休憩して、ひとつの会社の固定業務を担当して、月収の半分くらいをいただくように提案したことです。ファッションブロガーの時のように「これでいいのかな」という不安がなくなったことで、落ちついて固定業務を見つめられたのだと思います。

そこでの仕事内容はプレゼン用の資料作成とか、事務作業がメインでしたが、現在、曲がりなりにも会社を経営している私の、唯一の会社経験[*2]と言えます。

その時はいつか起業するなんて考えていなかったものの、請求書がどのよ

＊2 唯一の会社経験
実際には、知り合いの会社で間借りをしながら仕事の一部を受け持っていました。その中で「会社の日常」というものを知りました。

うなフォーマットなのかとか、発注書と見積書の違いとか、そういったことは、その時にお金をいただきつつ学ぶことができました。

固定業務以外の部分は、ライフスタイルプロデューサーという肩書きでどこまでできるかに挑戦してみることにしました。

とはいえ、まだ父に「ライフスタイルプロデューサーになったよ」なんて言えるほど、仕事として成り立っているわけではありませんでした。

ある朝目覚めた時に、もしすべてのやる気がなくなっていたら、その瞬間から私は〝やたらと明るいニート〟みたいなもの。

やりたいことだけで収入をまかなっていくのは、まだまだ簡単なことではありませんでした。

そんなわけで、私はかろうじて父との約束を果たし、実家にいられることになりましたが、次の課題は、どうやったらライフスタイルプロデューサーだけで食べていけるのか、ということでした。

人間関係を広げてみる

人との出会いが、自分を見つめ直すヒントに

大学時代に出会った人にもらった言葉で、今も常に頭の中にあるのは「人は人と出会うことによって変わる」です。

正しい出会いは、自分の人生をよい場所へと運んでくれるように思います。そして、人間関係を広げることは、視野を広げてくれることでもあります。

私は、広く浅い人間関係より、深く狭いほうが性に合っているので、むやみやたらにいろいろな場所に出かけたりはしないのですが、「これは！」と思う機会には必ず、フットワーク軽く、どこへでも出かけるように心がけています。

旅をすると新しい刺激をもらえますが、それは見慣れない風景や経験を通して感情が動き、普段使わない脳みその筋肉を使うから。

でも、感情を動かすためにわざわざ遠くに行かなくても、日常の心がけ次第でいくらでも心は動かせると思っています。

その手段のひとつが、人間関係を広げること。自分にはない考え方に出会うことで、いいインスピレーションがどんどん得られると思うのです。

電通時代はなるべく、広告業界や大企業に勤めている人以外の人と話をする機会を作って、知らない間に自分がどっぷりと業界につからないように意識していました。それでも、トレンダーズに転職してからは、いかに自分が広告業界や会社組織に縛られていたか痛感したのですが……。

人は知らない間に自分のいる環境が普通だと思ってしまう生き物なので、いろいろな人に出会って、自分のいる場所や他人から見える自分について思いを馳せたほうがよいということを学びました。

今だから言えるけれど、新入社員時代、初期配属が名古屋に決まってからは家族が住む東京に戻りたくて「もしも名古屋勤務が5年以上続いたら転職しよう」と考えたこともありました。

その時から「今いる会社という世界を大事にしつつ、会社が世界だと思わない」ことを意識し始めたのかもしれません。

トレンダーズ時代は、よくベンチャー企業経営者との会食に同席させていただきました。若くして成功している人は、話がおもしろく、礼儀正しくて、考え方が柔軟。でも、ビジネスでは真剣。そして時には厳しい。

自分とそう年が変わらないのに、仕事を生きがいとし、毎日を100％燃焼しながら生きている人たちと時間を過ごすことで、自分のあり方を自問自答する機会をたくさん得ました。

人と会うことは、いろんな生き方のサンプルを観察することでもあります。

会社員としての人生をかっこよく全うしている人。

会社はそこそこに、プライベートの充実に重きを置いている人。

上場を目指している経営者。

上場してもさらに高みを目指す経営者。

どんな人といると心地よくて、どんな人と話が合うか。どんなふうに生きたいか。人と話せば話すほど、自分の向き・不向きや、憧れる方向が、よりくっきりとしていった気がします。

お金があれば成功？

人生と向き合うことで、お金儲けに対してのイメージ[＊1]も固まりました。

単純に「お金持ちになる」だけなら達成している人はたくさんいる。

でも、お金があっても毎日つまならそうで、暇を埋めるように生きている人もいれば、お金がそんなになくても、1日1日を好奇心旺盛に、楽しみつくしている人もいる。

そして、本当の成功者は「自分の好きなことで、人を幸せにすること」を続けていて、「お金ができたから引退しよう」ではなくて、よりたくさんの人を幸せにするための挑戦をし続けていて、挑戦し続けているからこそ輝いて見えるのだとも気づきました。

ちょっと背伸びした人間関係の輪に入ることで、この中にたまに混ぜてもらえる私ではなくて、対等に話せる私になりたい、と思ったし、ビジネス面では及ばなくても、何かしらの価値を提供できる私でいたいと思うようになりました。

＊1 お金儲けに対してのイメージ
自著『半径5メートルの野望 完全版』（講談社刊）の中にも書いたのですが、「収入は拍手の数、ありがとうの量」とポジティブに捉えられるようになりました。

人間関係を広げてみる

出会いたい人に出会う能力を磨く

私の場合、会社に入っているわけでもないし、遊びに見えることでも、お金をいただくことになればそれが〝仕事〟。プライベートでのどんな瞬間も、誰かに会ったり何かを見たりするだけでも「今はチャンスかもしれない！」と目をキラキラ光らせていました（というよりギラギラしていた）。

自分の周辺すべてが仕事の人間関係でもあり、仕事以外での人間関係でもあったのです。だから人間関係を広げる、という意識とはちょっと違うかもしれませんが、私がちょっと自慢できるのは、出会いたかった人に出会えることです。もっというと、出会いたかった人に出会った時に気づく能力に長けていると思います。

学生時代のクラス替えの時や、バイトでお客さんと仲良くなった時からうすうすその能力に気づいてはいましたが、確信に変わったのはライフスタイルプロデューサー（もうそろそろLPにしようかな……）と名乗り始めて半年が経った2012年あたり。

その年のお正月、私はノート[*1]に今年やりたいことを書いていました。その中に〝甘酒〟というキーワードがありました。理由は、初詣の時に飲む甘酒が大好きなのに日常で飲む機会がないとか、そんな感じだったと思います。

それからしばらく経った2月のある土曜日、青山で開催している国連大学前のファーマーズマーケットに、野菜を買いに出かけました。運営しているメンバーが友達なのと、近所に有名なドーナッツ屋さんができたという2つの理由が重なって、運営メンバーに大量のドーナッツを差し入れに持って行きました。

そうしたところ、運営メンバーの男の子が「じゃあ、早めのホワイトデー！」（早すぎる!!）と言って、私にくれたのが白い甘酒でした。ちょうどその日、富山県から出店しに来ている味噌屋さんが、味噌の原料と同じ米糀を使って甘酒を作ったとのこと。美味しかったから、と私にもくれたのです。

さっそく、味噌屋さんに話を聞きに行くと、おじいちゃんから代替わりし

＊1ノート
定期的に、心に残っているキーワードはノートに書き出すようにしています。

て自分が継ぐことになったばかり。小さな時からおばあちゃんが米糀で甘酒を作っていたけど、これまでは商品にはしていなかった。せっかくだしこれからは味噌とともに甘酒も売っていきたい、と話す若き味噌屋のお兄さん。「私と一緒にやりませんか？　私……実はライフスタイルプロデューサーなんです！」「なんと！」と、お互いよくわかっていないながらも会話は弾み、みんなが日常的に飲みたくなるような甘酒を共同開発することになりました。

　調べてみると、甘酒のことをお酒だと勘違い[*2]している人が多いけれど、実はノンアルコールだったり、クーラーのない江戸時代は体の滋養のために夏こそ冷やし甘酒が大人気で、俳句の世界では夏の季語だったりと、なんとも奥深いストーリーが次々に発覚。それにもかかわらず、今は一般の生活とは若干距離のあるドリンクになっていることがわかりました。

　そこから半年かけて、その味噌屋さんと作ったのが「飲む糀―Amazake Morning―[*3]」という商品。原料を白米から黒米に変えたら、天然のピンク色になりました。その豊富な栄養に注目して〝朝に飲むとよい甘酒〟という切り口で、朝ごはんに甘酒を飲むことを提案しました。

＊2 お酒だと勘違いしている
醸造メーカーが酒粕から作るとアルコール入りですが、米糀から作るとノンアルコールなのです。

＊3 飲む糀―Amazake Morning―
フランスの牛乳瓶みたいなボトルに、ワックスペーパーと麻ひもでラフに包んだふた。朝、飲みたくなるようなガイドブックもつけました。

通販で届ける時の段ボールもオリジナルで制作するなど工夫を重ね、この甘酒は今もなお、多くの方からご注文いただくロングセラーとなっています。

運命の出会いを逃がさない

ちょっと甘酒の話が長くなりましたが、私は日常生活の中でこういう出会いが非常に多いのです。大根を買いに行った農協で、たまたま木彫りの熊を見つけ、その生産者さんを訪ねることになり、最終的にはそれがきっかけでずっと気になっていたカッティングボード[*4]の商品開発までこぎつけたり……たまたまの出会いが仕事につながることが頻繁にあります。

それは運がいいといったことだけではなく、自分の中での興味を明確に覚えていて、いざという時にそれが心の引き出しから簡単に出てくるからなのかもしれません。その引き出しをフル活用して、本当に多くの人と出会い、助けられてきました。

出会いを拡げるのと同時に、自分の引き出しを整理整頓し、そしていつだって素敵なものでいっぱいにしておくこと。そこから次の何かにつながっていくのかもしれません。

＊4 カッティングボード
そのあとすぐに、奈良県吉野町の自治体に間伐材でカッティングボードを作る話をして、吉野町とNEXT WEEKENDでオリジナルカッティングボードを作りました。NEXT WEEKEND STOREで購入できます。http://www.nextweekendstore.jp

大好きな人間関係の中で仕事を作っていく

ただ仲良くなるだけでなく、いい刺激を受ける

大人になってからひとつ、気づいたことがあります。

それは、人間関係は日々入れ替わるということ。

時間だけは湯水のようにあった学生時代に比べて、社会人になってからは、優先順位が変わって、仕事で絡みのない人とはどんどん会う時間が少なくなりました。

もちろん、仕事と関係なく会える気の置けない友人も人生に必要だとは思うけれど、仕事の重要度が人生の中で高ければ高いほど、「仕事の人」と会う時間は増えていきます。

だから、仕事の重要度が高ければ高いほど、仕事まわりで好きな人を増やしたほうがいいし、せっかくなら大好きな友人と一緒に仕事をしてしまえばいいと思うのです。

会社での人間関係ももちろん大切でしたし、会社員時代には、転職してからも定期的に近況報告をしあうかけがえのない友人もできましたが、フリーランスになってからはむしろ、仕事では会えないけれど、大好きで、もっと一緒にいる時間を増やしたい相手と仕事を作ることを意識してみました。

電通時代は、友人に広告コンテストのチームのブレーンとして入ってもらって、一緒に合宿をしたり、プレゼンの準備をしたりしました。異業種の友人たちは、広告業界の常識では考えられない仕事の進め方や、発想で常に刺激をくれました。

ちゅうもえサロンのスタート

その後、トレンダーズに移ってからもいろいろな活動をしましたが、中でも大きかったのが、萌ちゃんを誘ってオンラインサロン「ちゅうもえサロン」[*1]を始めたこと。

それまで数回しか会ったことのない萌ちゃんに不思議に惹かれるものがあって、それは人間として好きということと同時に、同世代の彼女の活躍が

＊1 ちゅうもえサロン
私と萌ちゃんが2012年からスタートした会員限定サロンです。オンライン上で、表向きのSNSには書きづらいことの発信や人生のおもしろさが少し増すような情報のシェアをしています。
https://synapse.am/contents/monthly/chu_moe

まぶしく思えたんです。

就職経験がないにもかかわらず、どうやって仕事を作っているのかを含めて、仕事の仕方がとても気になったし、学びたいと思いました。

でも、「仲良くしよ」と言って無理やり会ったところで、友達としてはつるめても、萌ちゃんの仕事での発想力や、行動力は学べないんですよね。

どんな人も、友達の時は友達の顔。仕事の時は仕事の顔です。

だから、一緒に何かのプロジェクトをしてみたくて、その頃ちょうど立ち上げてみたいと思っていたオンラインサロンのパートナーに誘ってみました。

最初、萌ちゃんはサロンというものが何かわからなくて、不安そうだったけれど、あの時ノリで萌ちゃんがオッケーしてくれたサロンは、日本最大規模のオンラインサロンとなり、『週末野心手帳』[*2]やこの書籍がうまれるきっかけになりました。

もともと、幼なじみでも、仕事でよく会うわけでもなんでもなかったからこそ、サロンの運営を通して、お互いのことをよりよく知ることができ、この「ちゅうもえ」というコンビが浸透するにつれて、ペアで、オンラインサロン以外のお仕事も頼まれるようになったんです。

*2『週末野心手帳』
ディスカヴァー・トゥエンティワン刊。胸に秘めていた「小さな野心」を毎週末に叶えていく、というコンセプトのもと、私と萌ちゃんが作った手帳です。書き込むスペースもたっぷりで、やりたいことを綴っていくうちに自分の夢が見えてくるように作りました。2016年9月には2017年版も発売されます。

仕事だから、真剣だからこそ、お互いの価値観のズレが出る時もあるけれど、そこも、お互いのことが好きだからこそ乗り越えられます。

嫌いな人との仕事であれば、いったん終わらせて、関係ごと切ることも考えられるのかもしれませんが、好きが前提にあると、どうしたって、関係を続けるために、お互いの人生にとってよい方向に前進する方法を否が応でも見つけなくてはなりません。

これって、ちょっと結婚に似てるかもしれません。

ノリでのお付き合いでお互いフリーなら、嫌になったら別れたらいいけれど、結婚して子供（仕事）がいたら、離婚するより、結婚を前向きに継続させるほうを優先的に考えるというか。

大好きな人間関係の中で仕事を作ると、仕事が楽しみになるという利点もあるし、共通の話題も増える。

お金関係やパワーバランスには慎重になる必要がありますが、「好きな人との仕事を作る」というのは、間違いなく人生を明るくする方法だと思います。

大好きな人間関係の中で仕事を作っていく

会いたかった人に会いに行く

「また会いたい」と思う人に、また会いたいと思ってもらえるように――これをずっと心がけてきました。ニートからスタートした私が当時持っていたものは、持ち前の根性と明るさ、それから美味しいパンの情報くらいでした。お金があるわけでも、ネットワークがあるわけでもない私をだましても、メリットがひとつもないので、相手が私に期待するハードルは低かったと思います。逆に言うと私は失うものが何もなかったので、とっても強気に（というか無知）、会いたいと思う方にはどんどん自分から会いに行きました。

ありがたいことにSNSがこれだけ発展している時代、会いたい方のほとんどが個人のアカウントを持っているし、相手の目にメッセージが触れた時に少しでも興味を持ってもらえるように、自分のSNSプロフィールを整え

1938 小さな野心を燃料にして、人生を最高傑作にする方法　愛読者カード

◆本書をお求めいただきありがとうございます。ご返信いただいた方の中から、抽選で毎月５名様に**オリジナル賞品をプレゼント！**

◆**メールアドレスをご記入いただいた方には、**新刊情報やイベント情報のメールマガジンをお届けいたします。

フリガナ お名前	男 女	西暦　　年　月　日生　歳
E-mail　　　　@		
ご住所　（〒　　－　　） 都道府県　　市区郡 電話　　（　　）		
ご職業　1 会社員　2 公務員　3 自営業　4 経営者 5 専業主婦・主夫 6 学生（小・中・高・大・その他）7 パート・アルバイト　8 その他（　　）		
本書をどこで購入されましたか？　書店名：		
本書についてのご意見・ご感想をおきかせください ご意見ご感想は小社のWebサイトからも送信いただけます。http://www.d21.co.jp/contact/personal ご感想を匿名で広告等に掲載させていただくことがございます。ご了承ください。 なお、いただいた情報が上記の小社の目的以外に使用されることはありません。		

このハガキで小社の書籍をご注文いただけます。

・**個人の方：**ご注文頂いた書籍は、ブックサービス（株）より２週間前後でお届けいたします。代金は**「税込価格＋手数料」**をお届けの際にお支払いください。（手数料は、税込価格が合計で１５００円未満の場合は５３０円 、以上の場合は２３０円です）

・**法人の方：**30冊以上で特別割引をご用意しております。お電話でお問い合わせください。

◇**ご注文**はこちらにお願いします◇

ご注文の書籍名	本体価格	冊数

電話：03-3237-8321　FAX：03-3237-8323　URL：http://www.d21.co.jp

ておくことだってできました。

大切なのはタイミングと内容。一度会う必要のない人だと思われてしまうと次回はハードルが上がってしまいます。

だから、いろいろなことをやりながら、しっかりとブログを更新して、会いたい相手に興味を持ってもらえるようなことが少しずつそろったら、ちゃんと丁寧な文章を送るようにしました。こうして私のブログは徐々に日記ではなく、ホームページみたいな使い方へと変わっていきました。

その結果、会いたかった方に「おもしろいことやってるね、これからが楽しみ」とか「応援するよ」と言ってもらえると、もうがんばらないわけにはいきません。同時に、その頃LP（ライフスタイルプロデューサーのこと。あ、注釈付けたら意味ありませんね……）という肩書きで、なんと3か月先までの目標金額を受注しました。

シェアハウスのモデルルームのプロデュース以来、目の前にあるチャンスや小さなきっかけに対し、必ず自分の肩書きに沿う形で関われるようにと逆提案をして突っ走ってきたものが、少しだけ実を結んだのです。

何を思ったか、私はそこで起業しました。といっても個人法人のようなもので、社長も社員も私のみ、資本金は10万円でした。ただ、調べてみると、今は電子定款というものがあったりと、会社設立に必要なことも自分で手続きすれば安く上がることがたくさん見つかりました。それを全部自分でやったら、かかった費用は計20万円。2週間という短期間で会社ができました。

会社の作り方がわかって、手元に資本金があったからという理由だけで作った会社でしたが、タグ依存症（！）だった私はまた新しく名刺を作り、会社名とともに〝代表取締役／ライフスタイルプロデューサー〟という長くて不思議な肩書き（しかも兼務）を記したのでした。

気持ちをしっかり伝える

その名刺で人に会うようになってからわかったことですが、24歳の女性の名刺に〝代表取締役〟と書いてあると、多くの方が「へぇ、何をやっているの？」と聞いてくれるのです。これはものすごいチャンスになりました。

もちろん会社組織として機能なんてしていなかったし、社員はいないんですと言って、ズッコけられちゃったりもしましたが、「また会いたい」と思う方と話せる機会があれば、徐々に芽生え始めていたライフスタイルプロデューサーとしての野望を、すぐさま語らせてもらいました。

その時は「物と情報があふれている時代だからこそ、生活を豊かにしたいと思う人が増えています！　私はその人たちが求めているライフスタイルの、物やサービス、イベントなど、すべてをプロデュースしたいんです！」（ダンッ！）と、演説のように一方的にお話ししてしまっていたかもしれません。

にもかかわらず、そんな野望を聞いて「その気持ちで商品を選んできたら、お客さんにもきっと伝わるから、うちのECサイトに個人で出店してみる？」とその場で言ってくださったアパレル会社・フランドル（元）の江口さんのおかげで、ピンクの甘酒の通販[*1]ができるようになりました。

また、SHIBUYA PUBLISHING & BOOKSELLERSの福井さんは「そんなふうに誰かのライフスタイルを豊かにしたいという気持ちで、この場所を1週間使ってお店できる？」と言って機会をくださり、渋谷ヒカリエのフードフロアの一角で朝ごはんのセレクトショップ[*2]を開催してみることができました。

こんなふうに「また会いたいなぁ」と思った方にまた会ってもらえるように、すかさず気持ちを伝えて、チャンスがあれば全力でやって……を繰り返していたら、大好きな人間関係の中で仕事が作れるようになりました。

＊1 ピンクの甘酒の通販
「飲む糀」は、今はNEXTWEEKEND STOREで購入できます。http://www.nextweekendstore.jp

＊2 朝ごはんのセレクトショップ
ベーグルや甘酒にコーヒー、花を飾るココットまで、朝ごはんのシーンにあると嬉しいものを選んで卸し、販売しました。

仕事も大切な人も、両方取ってみる

自分だけのベストバランスは？

家族や恋人との時間と、仕事との両立をどうするか。

これは、よく雑誌の特集などでも見かける鉄板の悩みだと思います。やっぱり、何かをがんばるには何かを犠牲にしなければならないイメージがあるので、どれかひとつ、選ばなくちゃいけないような気持ちになります。

私も、会社員時代、仕事での成功は、仕事以外をある程度犠牲にしないと、実現できないのだという思い込みがありました。

でも、それは私の勝手な思い込みであって、理想ではないんです。

できるなら、家族も恋人も、仕事も全部うまくバランスをとりたい。

それは、難しいかもしれないけれど、チャレンジのしがいがあることだと思うし、それが理想なら、最初から自分で勝手に「できないや」とあきらめるのはもったいない。

だから今は「全部バランスをとってうまくいっている」とは言えないのですが、自分なりの正解を模索しています。

これって、みんながみんな家族50％、仕事50％の割合ならうまくいくというのではなくて、自分の居心地のよい配分は、人それぞれに違うと思うんです。

私は、今は正直、家族や恋人とゆったりするよりも、仕事の割合が多いほうが自分の心が落ちつくので、仕事を中心にしつつ、それ以外の予定を立てています。ただ、これは今の私のベストであっても、未来の私のベストではないかもしれません。

誰かの考えるベストな配分に左右されずに、自分が心地よいバランスを常に模索し続けることが、この問いの正解なのかな、と思っています。

結局、これは時間の優先順位の付け方でしかなくて、仕事をがんばると恋人や家族に割く時間が減ってしまうのが問題なんですよね。だからこそ、欲張りな自分なりの、時間の使い方と優先順位を自分の中ではっきりさせようと考えています。

時間はどんな人でも1日24時間しかないから、その中での工夫や、ある程度、お金とのトレードオフは必要かもしれません。

私はフリーになってからしばらくして、都内に家を借りて、母を呼び寄せて一緒に暮らし始めました。そうすると、仕事が終わって家に帰るといつも母がいるので、安心します。

都内に家を借りるのは、それまでの暮らしよりも余計にお金がかかります。でも私にとっては、多少のお金を節約するより、母と一緒に過ごす時間のほうが大事なので、その優先順位がはっきりしていれば、特に不満も生まれません。

恋人も、仕事への理解がある人を選びつつ、恋人と過ごす時間も、仕事でよいパフォーマンスを発揮する自分になるために必要な時間だと割り切ることで、罪悪感を持たないようにしています。

スケジューリングは余裕を持って

会社員時代からの悪い癖なのですが、私は時間貧乏性で、ちょっと時間があくと「もっと仕事ができるんじゃないか」と考えてしまいます。

でも、一時期、自分のキャパシティーの100％の仕事を受けたら余裕がなくなってしまい、その後に来た、心からやってみたい仕事が受けられなくなったり、自分の心がカラカラになってしまったりしました。だからこそ、今は少しだけ、別のものが入る余裕をもって、スケジュールを組むようにしています。

それでも今のスケジュールでは、子どもができたり、親の体調が悪くなったりというこれから起こるかもしれない変化には対応できませんが、それは、その時になってから考えたらよいかな、と楽観的に考えています。

その時の自分に心地よい割合は、その時になってみないとわからないはず。

電通時代は、自分がまさか、憧れの会社を2年半で辞めるとは夢にも思わなかったんです。

未来なんて、頭の中であれこれ考えていても自分で全部決められるわけじゃないし、思い通りになんていかないもの。それがわかったので、「その瞬間の最善」を、常に手探りしながら更新していこうと思います。

仕事も大切な人も、両方取ってみる

「自分の仕事」のコンセプトは何？

起業したものの、依然として私はひとりでした。ただ、イベントなどがあると、準備などで少しずつ忙しくなってきたので、ずっと私を慕ってくれていた小学校からの後輩に、アシスタントとしてついてもらうことにしました。

打ち合わせの時に隣に誰かがいてくれることや、自分のスケジュールを誰かが知っていてくれること、プレゼンの帰り道がひとりじゃないこと、いろいろなことが嬉しくて、とってもかわいがっていましたが、ある時ひとつのことに気づきました。

「彼女は将来、何になるんだろう？」

自分のことに精一杯で気づくことができませんでしたが、私の肩書きは私が作ったようなもの。フォトグラファーやスタイリストのように、アシスタントを経て一人前になれば仕事があるわけでもありません。さらに私は、商品開発をしたり、イベントプロデュースをしたりと、ライフスタイルを提案できればなんでもいいんです、みたいなやり方。これってすごく真似しづらいんじゃないかな……というかライフスタイルプロデューサーって何？（白目）と気になったのでした。

プロデューサーとか言っているくせに、自分の中でなんの理論もないから誰かに教えることもできないし、誰かが再現するのも難しいんだ……と落ち込み、自分がこれまで突っ走りながらもやってきた、いくつかの事例を改めてふりかえり、共通する部分を考えてみました。

そこで見えてきたのは、「ユーザーの人が、今すぐできることだったらみんな知っているし、3年後じゃないとできないことだと疲れちゃう人もいるかもしれない。次の週末くらいにできること[*1]なんだけど、まだやっていないような、絶妙な楽しさを提案しよう！」ということでした。

そこから私は自分のプロデュースコンセプトを"NEXTWEEKEND"として、個人名ではなくNEXTWEEKENDをブランド化して[*2]いくことにしました。

ウェブサイトもECサイトもこの名前にすると、「NEXTWEEKENDウェブ編

＊1 次の週末くらいにできること
たとえば、やり方を調べたり、誰かに声をかけたりすれば叶えられること。たいていの人が「いつか」と言っていることの多くは、これだったりするような気がします。

＊2 ブランド化
ロゴやサイトのタイトルを統一するといった基本的なことはもちろん、コンセプトに一貫性を持たせ、いかに「次の週末」にみんながしたい提案ができるかに注力しました。

集」だったかなんだったかは忘れましたが、アシスタントだった後輩に肩書きができたのです。

自分のコンセプトに軸ができると、ライフスタイルを提案することが非常にスムーズになり、プレゼンにも説得力が増しました。

それ以降は魔法瓶ブランドのサーモスとの共同開発商品[*3]や、有楽町LOFTの売り場プロデュース[*4]、その他もすべてNEXTWEEKENDの名前で行いました。「私の頭の中のお手伝い」だった後輩も、コンセプトがあると仕事がやりやすくなったようでした。

アシスタントもついたし、毎日数件は打ち合わせが入るようになって、請求書や書類が実家のポストに届いて、弟の学校案内などと混ざるのがシュールだったので、シェアオフィスの一室を借りることにしました。こうしてやっと毎日出社する場所ができました。

結婚、そして神戸への移住

そこから3か月後の冬、「これからが勝負だ！」と思っている時に、ずっと付き合っていた彼がプロポーズをしてくれました。

＊3 サーモスとの共同開発商品
サーモス製品を20代の女性に売るために、土曜日のピクニックで使うというコンセプトで「サタデーマグ」を作りました。

＊4 LOFTの売り場プロデュース
合計10棚のMDを担当し、通常はカテゴリー別に商品が並んでいるロフトの棚を、シーン別の構成に変えました。また、その期間のイベントを企画しました。

少し古風な人で、それまでの4年間、結婚の〝け〟の字も出さずに付き合ってきたので「え！　今⁉」と少し驚きましたが、元はと言えば、彼の隣で好きなことをしていられるようにと始めた仕事と働き方。いつか必ず結婚したい人だったので、彼が決めてくれたタイミングがベストタイミングと思い、起業した直後に神戸に住む彼と結婚することにしました。

神戸といっても彼が住んでいたのは地下鉄の終点で、家からは淡路島が見えるような場所。仕事で東京へ行くとなると、鈍行列車と新幹線を乗り継いで片道4時間はかかりました。

入籍して結婚式を行うまでの1年間は、少しずつ転居の準備をしながら遠距離恋愛を続けましたが、多くの人に「こんな軌道に乗り始めた時に引っ越すなんて……！」とか「大変だね……」と言われました。

ただ、この結婚と引っ越しこそが私の転機となりました。毎日会社に行かないからこそ1回の打ち合わせの密度は濃くなり、アシスタントの後輩は自分で何をするか考えて仕事をするようになりました。私がいなくても仕事が回るように心がけると仕組みができて、プロデュースの問い合わせや依頼は私にではなく、NEXTWEEKEND宛に来るようになっていきました。

背伸びをしてみる

「できること」から「やりたいこと」へ

仕事をする時には、どうしてもこの仕事は自分にできるか、できないか、という思考回路に陥ってしまいがちです。

私も以前は自信のなさから、できないものは手を出さないほうがいいのでは、と逃げる姿勢を取ってしまいがちでした。

でも、ある時からふっきれて、「できるか、できないか」ではなくて、「やりたいか、やりたくないか」で考えるように、意思決定の軸を変えました。

これは、何かきっかけがあったというよりは、社会人としての経験を積むうちに、徐々にそういった方向に考えが固まっていったのですが、仕事の基準をできるか、できないかにしてしまうと、できる仕事だけを永遠にやることになって、自分が社会人として成長できないことに気づいたんです。

そして、たいていの心がときめくお仕事って、今の自分よりちょっと先の場所にある気がするんです。

やりたいことは必ずしもできることとは限りません。むしろできないからこそやってみたいことのほうが多いんですよね。

「いつかやってみたい」と思っていることって、たぶん、それが憧れのものであればあるほど自分にはまだ早い、と思ってしまうのですが、その「いつか」は、いつまでもやってこないものなんです。

自然に何かができるようになることってほとんどなくて、やっぱり、なんでもやりながら上達していきます。自転車も、乗るシミュレーションを100回やるより、1回乗ってみてこけながら練習したほうが、上達は早いですよね。

だから、私は、お仕事が自分の実力以上のものであればあるほど、成長のチャンスだ、と思うようにしています。

今の自分ではなく、なりたい自分はこの仕事を受けるだろうか。3年後、5年後の自分はこの仕事をやっていたいか、という視点で見ると、自分のやりたい度が計れます。

テレビの仕事に挑戦！

フリーランスになる頃、初めてテレビのコメンテーターのお仕事の依頼が来た時、私が最初に思ったのは「テレビなんて怖い」ということでした。

ニュースに対して人前でコメントなんてできない、と思ったんです。

でも、できないからこそ、それができるようになったら、かっこいい。

できないことをできるようになれば、私、自分のことをちょっと好きになってあげられるな、と思いました。

だから、お引き受けすることにしました。

生放送で、自分の意見を言うのはとても緊張することだけれど、何度か回数をこなすうちに、ニュースに対して意見を言えるようになりました。

普段、テレビをだらりと家で見ていると、ニュースなんて頭に入ってきません。大事件が起こっても「怖いな」「ひどいな」なんてぼやっと思って終わりです。

でも、コメンテーターを続けるうちに「これに対して、自分はどう思うんだろう？」「何が問題なんだろう？」「改善点は？」と日々、考えることが習

＊1 テレビのコメンテーターのお仕事
TOKYO MX『モーニングクロス』、日本テレビ『スッキリ!!』などでコメンテーターを務めさせていただきました。

慣になりました。自分が社会の一員であると強く感じる機会が増え、以前より、思考量の多い人間になれたと思います。

仕事のおかげで人間として、一歩成長できたのだと実感しました。

背伸びして、内心はこけそうで、ドキドキしていても、背伸びの状態が普通になれば、見える景色が変わるんです。

この法則は仕事以外のすべての選択でも共通していて、例えば、ランチを「安いほう」と値段で決めてしまう人って、自分は安いものでいいんだ、と常に自分に対して思っちゃう人です。

「今の自分にはちょっともったいないかな」なんて思う癖がついていればいるほど、自分の価値を下げていると思うんです。

他の人が「あなたにはできる」と言ってくれているのに、自分が「まだその価値がない」なんて思うのはもったいない。

それは、自分で自分の可能性を狭めているのと同じこと。

できない仕事は、未来の自分からのプレゼントだととらえて、思い切って受けてみると、未来が大きく開かれるように思います。

背伸びをしてみる

自分なりにできることを提案する

背伸びをしてみるということを意識したことはなかったのですが、実際のところ、私はいつだって背伸びをし続けてきたのだと思います。誰かと話す時、何かを書く時、チャレンジしてみようと自分に言い聞かせる時、それをしないと前へ進めなかったからです。

そもそもニートからのスタートなので「できます」ということはひとつもありません。でも、どんなことも「やったことはありませんが、こんな形だったらやってみます！」と言うしかありませんでした。相手にもバレているので、裸足で背伸びしているようなものですね。プルプルして足がつるくらいの背伸びレベルでした。

ただ、「背伸び」と「嘘」は違います。できないことをできると言うのではなく、どうやったらできるか考え、お客さんに喜んでもらえて、かつクライアントも満足してくれるような提案を、自分なりに考えてきました。

そんな時に、〝SNS時代〟とか〝フリーランスの時代〟といった言葉がよく聞かれるようになりました。これは背伸び癖のある私への追い風となりました。ひとりで肩書きを作って仕事をしてきたことや、SNSの使い方など[＊1]に興味を持ってもらえ、少しずつ取材をしてもらえるようになったのです。

自分の中では、いつだって自分が立ち止まったら終わってしまうようなことしかできていないし、いまだにやたらと明るいニートみたいなもの。それなのにいっちょまえに取材に答えたりするのは、なんだか申し訳なさでいっぱいでした。さらにそれが誌面になったのを見て、インタビューに答えている横顔なんかが大きく載っているページの〝それっぽくなっちゃっている〟感じも本当にむずがゆく感じました。

ただ、ここは背伸びの見せどころ。誌面で〝それっぽく〟なっているのであれば、ひとまず〝それ〟に追いつく作業を進めました。

大切なことなので二度言いますが、あくまでも嘘はついていません。だから現実を偽る、ということではないのですが、たとえば将来の展望とか仕事

＊1 SNSの使い方
当時はブログを軸に、フェイスブックで自分の仕事の近況をホームページのようにまとめ、ツイッターでは随時自分の考えなどを発信していました。

への思い入れとかを語ったのであれば、それを夢ではなく予定に変えるために、今日できることは必ずありました。

　また、恥ずかしいとは思いつつも、取材していただいた内容をしっかりとブログにまとめてＳＮＳでも書く、といったようなことを続けていたら、徐々にそれを見て新しい仕事が来て……といった具合に、よい循環ができるようになりました。

背伸びの先にあるものは……？

　ちなみにこうしたインタビューの流れで、私がＳＮＳをうまく使って仕事をしている、という記事を読んでくれたことがきっかけで、はあちゃん（はあちゅうのことを私ははあちゃんと呼んでいます。はあちゃんがどう思っているかわかりませんが、名前と〝ちゃん〟が合体できて我ながら、一石二鳥のネーミングだと思っています）からツイッターで連絡をもらいました。

　もともと彼女の本も読んでいた私は、すぐにダイレクトメッセージを送り、何通かやりとりした後に、住んでいる駅が同じだと言うことが判明。初めて連絡をもらったその日の夜に地元の駅で会う、というドラマのような出会いを果たしました。

いつだって少し背伸びした先には理想の自分があります。だとすればその背伸びに追いつこうと努力することで、人は本当に大きくなることができるはずです。

学生時代に「すごいなぁ……。世の中にはこんな大学生がいるもんなのか」と、バイト先の控室で豚トロ丼のまかないを食べながら読んでいた本[*2]の著者であるはあちゃんと、その日のうちに話が弾んで、すぐに一緒に仕事をすることになるなんて。まさに、背伸びを続けたおかげだと思っています。

謙虚な姿勢は大事ですが、嘘さえつかなければ背伸びは悪いことではありません。むしろ背伸びをしてみた先の、理想の自分を把握して、急いで追いついていく作業をしてみましょう。それこそが成長だと思うんです。

*2 読んでいた本
『わたしは、なぜタダで70日間世界一周できたのか？』（40ページ参照）を読んでいました

「こう思われたい」ではなく「自分がこうしたい」がわかるようになってから、人生は羽根が生えたみたいに軽くなりました。この章で書いたお金のこと、人とのつながりのこと、スケジュールのこと……これは世間で言うところの「プロデュース能力」。この能力を会社員時代に、お金をいただきながら学べたことが今の仕事にとても役立っています。

「やりたいこと」を見つけるよりも「できること」を着実に増やしていくことが大事だと気づくことができた時期でした。それとともに、とにかく誰かに評価されたいだけだったのが、評価されるものが何か、ということに視線が向くようになりました。その内容こそが重要であるということに気づき、ようやく自分らしい表現方法も、ちらちらと見えてきました。

PART
3

夢と自分の活動が重なった

軸が固まる“理想の自分実現期”

Dream

やりたいことをやるために取捨選択する

何かを選ぶことは、何かを捨てること

子どもの頃、女優さんになりたいと思っていた時期がありました。

物語に入り込んでしまう私は、新しい本を読むたびにお医者さんになりたくなったり、政治家になりたくなったり、お姫様になりたくなったりして、将来の夢が一向に定まらず、全部の未来を生きることはできないけれど、女優さんならいろんな人生を疑似体験できると思ったのです。

でも「演じる」というのは一瞬のことで、やっぱり「自分が一生負う役割」とは違いますよね。

欲張りで優柔不断だから、いつも、なるべく多くの可能性を後に残す道[＊1]を考えて、将来を選んでいたのですが、高校、大学と自分の人生が進むごとに、将来の可能性がどんどん狭まっていくことに不安を覚えました。

高校で、文系クラスを選んだ時には「もうお医者さんや宇宙飛行士になる

＊1 なるべく多くの可能性を後に残す道
たとえば、受験の時も行きたい学校というよりも「自分の行ける限りなるべく偏差値の高い学校」という基準で選びました。

未来はないんだな」と少し寂しく思いました。

だけど、そんなのは当たり前で、何かになりたかったら、何かを捨てて、何かに特化しないといけないんです。

バスケットボールの名プレイヤー、マイケル・ジョーダン氏は引退後、一瞬だけ野球選手になっています。野球選手になったことだけでもすごいけれど、マイケルさんが何者かと聞かれた時に野球選手と答える人はいなくて、彼はバスケットボールの神様だと誰しもが言うと思うのです。


この人はこれ、という突出したものがあるからこそ特別な存在になれるはず。

「これとこれで有名」と、2枚名刺がある人はまだまだ二流で、一流の人はこの功績が有名と、ひとつのことで知れ渡っています。器用にいろんなことを人並み以上にこなせる人はいても、一番目立つ功績がその人の名刺になることに変わりはありません。

SNSを例にとりますが、ツイッターのフォロワー数ランキングで日本1位の人が、インスタグラムでも1位かというと、そうではありません。フェイスブック、ツイッター、インスタグラム、ブログ、ユーチューブ……どれもトップは別の人です。

体力と時間には限りがあるからすべての山には登れないんです。でも、すべての山の頂点にいる人はいないからこそ、自分の登る山があるんですよね。

つまりこれは、どんな人でも、何かを得ながら何かを得たりはしていないということ。何かを得たら必ず何かを捨てるんです。

自分の軸を決める

私は、電通からトレンダーズに移る時、「コピーライター」の肩書きを捨てるのが惜しくて、「コピーライターとして電通で働きながら、トレンダーズのお仕事も少しだけお手伝いする形で何か月か働く」という可能性を一瞬想像してみました。でも、それはもう、想像の中でさえ、どちらも中途半端で立ち行かなくなることがわかりました。

今も、いろんなことに挑戦する好奇心は常に広げていきたいと思っていますが、軸足はあくまで「文章を書く」ことに置いています。

バスケットボールでは「ピボット」という、片足を軸足にして、もう一方の足を動かして体の向きを変える技があります。この技は、軸足を動かすとアウトになります。私は、仕事に関して、いつもこのピボットをしているイメージで取り組んでいます。向きを変えてのチャレンジはオッケー、でも軸足は動かさない、というように。

そして、何かをひとつ捨てるごとに軸足が強化されて、人生が前に進む、というポジティブなとらえ方をするようにしています。

小さなことですがたとえば、会社員時代は人に多く会うことで、新しい取引の機会を探っていたけれど、今は書く時間を確保するために、誰かに会う時間を減らして、その分を読書や執筆にあてています。

美容も、力の入れどころと抜きどころははっきりしていて、美容院は月に1回必ず行くけれど、ネイルは一切しません。肌ケアを意識するかわりに毎日ファンデーションは塗りません。

こんな取捨選択をひとつひとつ挙げていくと、それはそのまま人生の優先順位になっていて、「自分らしさ」が出ているなあ、と思います。

やりたいことを やるために取捨選択する

「取」をしたからこそ、「捨」ができる

私は〇か×を選ぶクイズのように、何が「取」で何が「捨」なのかを、明確にわかっていたわけではありませんでした。ひたすらに突き進んだ結果、気づけば取ってきたもの、捨ててきたものがあったというだけで、それは後からわかることだと思っています。

だから、若い世代の方にはとにかく「取」を選んでほしいと思っています。そしてそれを、後から「いやぁ、こんな感じだったのか」と味わえる程度までがんばること。その繰り返しで、自分らしい判断基準ができてきて、いつしか「捨」ということができるようになるのだと思います。

最近の「捨てる」啓発本ブームのせいか、人生の大先輩たちの本を読んで「自分を邪魔するものはすべて捨てることにしました！」とか「やらないことを決めることにしたんです」など、捨てることに憧れを持っている人が若い世代にも多いように感じます。でも、若い人ならなおさら、とにかくやってみないと、何を取るのかだってわからないはず、というのが私の意見です。

私の場合も、本当にどう判断していいかわからなかったのは、そんなに昔の話ではありません。

結婚生活が始まって3年目のこと。夫が神戸のチームから移籍することになりました。彼の希望は海外挑戦。いつか挑戦したいと思っているなら今やってみよう、と2人で相談し、多くの選手は日本にいる間に海外チームとの契約を済ませてから出国するのですが、どのチームとも契約をせずに、夫と私は日本を出発しました。

冷蔵庫やベッド、彼の愛車まで、ほとんどの持ち物をすべて手放して資金に変え、挑戦したデンマーク。これだって後から考えれば「捨」だったのかもしれませんが、その時はとにかくデンマークでのテスト期間がどれくらいになるかわからなかったのでお金が必要でしたし、絶対に合格する自信があったので、単純に車や冷蔵庫を持っておく理由がなかったのです。

デンマークの中心地から電車で2時間くらい、冬の寂しい田舎風景が広がる駅に降り立ち、彼のテスト期間が始まりました。

こちらは英語だって片言なのに、そもそもデンマーク語しかしゃべれないチームの中で奮闘する彼を見に、私も毎日練習場に行っていました。

クラブハウスで、日本から持って行った大量のキットカット[*1]をひとつずつ配っているうちに事務員の方々と仲良くなって、デスクをひとつ借り、パソコンを開いて仕事をしていた気もしますが、何をしていたのかはもう覚えていません。

現地でサポートしてくれる人がいなかったので、テストがどのように行われていて、何をどうがんばったら評価されるのかが曖昧でした。不安でいっぱいの中サッカーをして、それが終わるとスーパーマーケットの隣に併設されたホテルで、2人で泥のように昼寝して、夜、目を覚ましてホテルの食堂でサーモンを食べる、という生活がひたすら続くように感じました。

実際は1か月程度でしたが、その時の会話はとりとめもなくて「これから私たちどうなるんだろうね」なんて言えず、2人とも少し強く押したら崩れてしまいそうなほど不安でいっぱいでした。

最終的に「この試合でゴールしたら」なんてドラマみたいな条件を提示さ

*1キットカット
どんな出会いがあるかわからなかったので、とにかくキットカットをたくさん持っていくことにしました。

れ、彼はしっかり2点も取りましたが、なんだか大人の事情で契約に至らず、私たちは日本に戻ってきました。そこでイレギュラーなタイミングでオファーしてくれたのが、彼が今いる北海道コンサドーレ札幌[*2]のチームでした。

だから、まずはやってみる！

この一連の流れを年表にしたら、神戸→デンマーク→札幌と選択をして移動しているように見えるかもしれませんが、その途中は必死に自分たちを信じていただけでした。この経験なしに札幌に移籍していたら、気持ちも違っていると思います。判断なんてできないくらいがむしゃらに自分たちを信じた経験があったからこそ、２人の間に生まれた絆もあったと思っています。

暑苦しく、しかも夫が軸となった経験談を書いてしまいましたが、取捨選択のためには、献立を決めてからスーパーへ買い物に行って食材を選択するように、ちょっと先の〝なりたい自分〟を把握している必要があります。それとともに、自分を信じて進み続けることが必要です。

何の将来像もなく立ち止まった状態で「えーと、どっちを取ってどっちを捨ててから始めようかな」なんて考えていても、答えは出ないと思います。

＊2 北海道コンサドーレ札幌
札幌市を中心とした北海道をホームとする、Jリーグ加盟のプロサッカークラブ。

経験をリサイクルする

つらい経験はネタにする

作家という職業のよいところはたくさんあるけれど、ひとつ挙げるなら、経験を何度でもリサイクルできるお得なところかもしれません。

例えば、有名なレストランでごはんを食べた経験が一回あれば、そのレストランのことを書いてもいいし、一緒に行った人のことを書いてもいいし、ごはんのことを中心に書いてもいいんです。こうやって、ひとつの経験を何かにつなげられた時は、「私、すごい得した!!」と嬉しくなります。

人間はそれぞれ、同じくらいの持ち時間しかないのだから、経験の濃さや人間の深さというのは、同じ時間でどれくらい多くのものを得て、後に活かせるかだと思います。

そして、成功している人ほど、人生のつらい経験もうまく次に活かして、フル活用しています。有名な人で例を挙げるなら、スティーブ・ジョブズ氏[＊1]

＊1 スティーブ・ジョブズ氏　ご存じ、アップル社の創設者のひとりで、MacintoshやiPhoneなど、革新的なPCやIT機器を次々と世に出した経営者。

はアップル社を追い出された経験を、後に「私の人生で起こった最良の出来事だった」と語っていますが、落ちた穴が深ければ深いほど、そこから這い上がった時には、惜しみない称賛を得ることができます。

つらい経験はわざわざ積極的にしたくないのは当然のこと。でも、それを「最悪の経験」にするか、ジョブズ氏のように「最良の経験」にするかは自分次第。私は、いいことも悪いこともどんどん自分の糧にしていく、をモットーにしています。

それは生来の〝もったいながり〟に起因しますが、落ち込んでしまう時間が長い私は、「悪いこと」を自分の力でネタにして、結果的にいいことにできれば自分が強くなる、と考え方を徐々に変えていったのです。

かつて私の顔写真が、「ブス」というキーワードでグーグル画像検索した時に一番に出てきたことがありました。それも数年たてば笑いをとれるネタ[*2]になったし、太りやすい体質は自分に合う健康法やダイエット法を追求し、自分の体との付き合い方を考えるきっかけになったし、うまく人と話せないことは、しゃべるかわりに書くことで伝える能力を磨くきっかけになりました。

＊2 笑いをとれるネタ
このエピソードは『半径5メートルの野望』でも詳しく書いています。

ブスでもデブでもないほうが、そりゃあ楽しいと思います。でも、人生は自分が持っているもので勝負しなくちゃいけないし、誰かと取り換えっこするわけにはいかないのです。だとしたら、自分にできることは持っているものをひたすら磨くことのみなんですよね。

そして時間をかけてわざわざ磨くのだったら、その経験を、他のいろんな経験と結びつけて、人生のプラス要素を増やしていきましょう。「これでよかった」と自分を愛したり、誰かに愛される理由になってくれるはずです。

心の自傷行為は意味がない

イラっとしたり、心がざわつくことがあると、すぐに「これをどんなふうにブログやコラムに書こう?」と考える自分に、心の中で「たくましいなー」なんてつっこみを入れることもあります。[*3]

今でこそ「強いね」なんて人に褒めてもらえますが、昔はいちいち深く傷ついて、「なんで私だけがこんな目に」と死にたくなっていました。

もちろん今も、嫌なことがあると、ある程度心にダメージは負うのですが、心が大きく動くことやトラブルほど、まさに今それが起こっている最中から

*3 ブログやコラム
書くことが仕事でなくても、友達との会話のネタなどにリサイクルできると思います。

「これを後からどう書こう?」と考えられるようになったことに感謝しています。つらいことがあるたびに「死にたい」(何かをするわけではなく、そう思ってみるだけですが)と、自分を痛めつけるのはリストカットみたいに現実の傷にはならなくても心の自傷行為なんだ、と気づいたんです。自分を痛めつけたところで、人生は自分に不利になるだけです。

その時はまさか役に立つとは思わなかった経験が、後から「これがあってよかった」と抱きしめられるような経験になることを、年を重ねるごとに実感しています。

電通でコピーライターになったおかげで、その後トレンダーズでウェブサイトの良し悪しやバナーのコピーを見る目がついたし、トレンダーズで培った人とのご縁のおかげで独立できて、夢だった「作家」という仕事につけました。

今改めてふりかえると、その瞬間瞬間は迷いながら選んでいた道も、いつのまにか自分の人生で「通るべき道」になっていることを実感しています。

ジョブズ氏の言葉を借りれば、人生はいつのまにか「点と点が線になる」もの。そう信じて、どれだけリサイクルできるかを楽しむことにしています。

経験をリサイクルする

1泊2日の淡路島旅行から

私が最初に出した本のタイトルは『カスタマイズ・エブリデイ　コーヒーは、ダブルトールノンファットエキストラホットラテ』[＊1]というカタカナ満載のものでした。そもそも「カスタマイズ」とはラテン語が由来の英語で、「自分専用の特別なものにする」という意味があります。これは、経験を自分仕様にリサイクルする、という考えにも通じます。

スタバでコーヒーを注文する時、元の味をうんと知り尽くしたうえで「これが合うかな?」なんて実験をしながらミルクやエスプレッソを追加して、自分のお気に入りの味を見つけるという作業=カスタマイズは、人生に似ている。そう思ってこのタイトルをつけました。

誰かの人生をうらやましく思って同じことをしても、自分には合わないことがほとんど。それはコーヒーとほうじ茶が別物であるように、ベースの味

＊1『カスタマイズ・エブリデイ』マガジンハウス刊。「目の前の時間にキャッチコピーをつける練習」「朝の時間を楽しむためのカスタマイズ・アイディア」など、毎日の生活を、自分流にカスタマイズする提案をしています。

が違うんだから当然のことです。

だからこそ自分自身をちゃんと理解しながら、ひとつひとつの経験をしっかりカスタマイズして、自分に合ったものに変えていきましょう、最後はきっと自分だけの特別なラテができますよ、というのがカスタマイズ番長[*2]と呼ばれる（3人くらいからしか呼ばれてないけど……）私の考え方です。

たとえば、夫が遠征に行っている時に、ちょうど自分の仕事もオフにできたので、ひとりで淡路島を旅したことがあります。「淡路島　朝ごはん」で検索してホテルを予約。ドライブしながら、海辺のカフェ、ソフトクリーム、お茶碗を買うために陶芸のお店……と、行きたかったところにすべて立ち寄って、念願のホテルのプールサイドや海辺でひたすらのんびり。夜はひとりで酔っ払って眠りにつきました。

翌日はテレビで夫の試合を観るために、そそくさと帰宅しましたが、立ち寄ったカフェがものすごく素敵で、キャンプ場も併設しているところだったので、同じ年の秋に友達をたくさん連れてきて、グランピング[*3]をしました。

淡路島を盛り上げているソフトクリーム屋のオーナーさんには、「地方の盛

＊2 カスタマイズ番長
黒豆にヨーグルトを加えたり、旅行先で会いたい人にアポイントをとったり、ちょっとだけ自分仕様に楽しく変えたいという行動から、そう呼ばれるようになりました。

＊3 グランピング
「グラマラス」と「キャンプ」を掛け合わせた造語で、自然をたっぷり満喫しながら、従来のキャンプよりもちょっとぜいたくな体験を楽しむ、というもの。

り上げ方」という切り口で取材先を探していた際に思い出して、インタビューさせてもらいました。

さらに、お茶碗を買いに行った時に出会った陶芸家の方とは、その後フェイスブックを通じてお友達になって、ガーデンパーティーに夫婦で呼んでいただいたことも。その集まりがあまりにも素敵なもんだから、私の雑誌[＊4]に登場していただいたりもしました。

たった1泊2日の経験でもこれだけリサイクルできれば、なかなかの循環ではないでしょうか。それを「運がいいから」とか、「淡路島が特別なんだよ」などと思うかもしれませんが、大事なのはひとつひとつの出会いや行動をどれだけ〝ジブンゴト〟にできるかだと思っています。

私の味は、どんな味？

ジブンゴトとは、簡単に言うとヒトゴト（他人事）の逆。よく広告業界の人などが「要はぁ、どうジブンゴトにさせるかなんすよね」なんてふうに使ったりするので（イメージ）、ギラギラした言葉だと思っている人もいるかもしれませんが（いないか……）、私はこの言葉が好きです。

＊4 私の雑誌
2015年より年2回発行している、私の責任編集雑誌『NEXTWEEKEND』（世界文化社刊）の創刊号で取材しています。

ラテをカスタマイズする時、コーヒーの味をよくわかっていれば、目の前にある素材にミルクやエスプレッソだけでなく、突然抹茶やコンデンスミルクなんてものがやってきても「味が合うかな？　どうやったら美味しくなるかな？」と、すぐさま考えられますよね。

これは自分についても同じこと。自分の味[＊5]をよくわかっていないと「どうせ私には関係ないから」とヒトゴトにしてしまい、考えることすらやめてしまいます。新しい出会いやチャンスに気づくこともなく、それらが次々に目の前を通り過ぎてしまうのです。

どんな経験もリサイクルできて、自分をカスタマイズする材料になるということを知っていると、毎日の出来事をひとつも見逃せなくなるはずです。

まずは、明日の朝起きたら、自分は自分であることをしっかり自覚しましょう。そして、自分というこの味を、一生かけてどう美味しくしていくか考えて、自分の人生をちゃんとジブンゴトにしてみましょう。

姿勢を変えたその瞬間から、毎日の中にリサイクルのチャンスがあふれていることに気づくはずです。

＊5 自分の味
今自分がしたいこと、行きたい場所、興味のあること、会いたい人、など自分自身の「今」と「理想」を把握しておくことが大切です。

仕事を「受ける」から仕事を「作る」へ

未来の居場所を自分で築く

仕事って、受ける仕事が多いうちはまだまだ半人前で、仕事を作るようになって初めて一人前だと、最近思い始めました。

受ける仕事は、過激な言い方をしてしまえば「作業員」であって、「自分の仕事」ではないんです。

会社でもトップの仕事は仕事を作ること。仕事を作るということは未来を作るということなのだと思います。

コピーライター時代に先輩が、仕事をしないチームメンバーに「クリエイティブな職業とはいえ、コピーライターはアーティストではなくてあくまで会社員。だから、自分のやりたいことばかりやっていたらいけない。やりたいことだけやりたいなら、会社員ではなくてフリーランスになればいい」と言っていて共感しました。

ただ、フリーランスでも、誰かから受ける仕事である以上、相手からもらった条件の中でがんばるしかありません。もし、最大限、自分の思い通りにしたいなら、自分で好きなことを仕事にする方法を考えるしかないんです。

仕事において、ご指名をいただくのは何よりありがたいことです。そこには必ず「指名が来た理由」があるので、それを磨くのは仕事をする上で大切なこと。

ただ、すでに誰かのための椅子がある仕事は、似たような相手との椅子取りゲームになってしまうこともあるし、常に旬の人、勢いのある人がその椅子を取ってしまいます。

そういった仕事でも自分の痕跡を残して、「誰かの仕事を自分だけの仕事」にしていくことも大切ですが、自分らしさを追求したり、未来の自分の居場所を社会に作りたいと思うなら、仕事を受ける、から仕事を作る、という働き方に変えていくべきだと思うのです。

「月刊はあちゅう」を始めた理由

私は、フリーランスの作家になってしばらくは、依頼された原稿を仕上げることだけで収入を得ていました。

幸いオファーは多かったのですが、連載は、書く内容も文字数も締め切りもすべて、クライアント（編集部）が決めるのです。

「作家ってそういうものだ」とある時期までは思い込んでいましたが、昨年、とある雑誌のお仕事で連載が急に打ち切りになり、その後の書籍化の話もなくなってしまった時、「これでいいのだろうか」という気持ちがむくむくと心に湧きました。

「もっと、好きなことを好きな時に、好きなだけ書きたい」と思ったのです。

そこで「自分で自分のクライアントになれる仕事を」と思い、「月刊はあちゅう」[*1]という毎日ひとつエッセイを読者に届ける有料マガジンを始めました。今まで、作家という職業は出版社から依頼をもらわないと書き始められない職業だったのですが、この「月刊はあちゅう」を始めたおかげで、自分で自分に原稿料を支払いながら、好きな文章を書けるようになりました。

＊1 月刊はあちゅう
私が編集長を務める月額制のデジタルマガジンです。コーヒー一杯分の値段で、毎日ひとつエッセイ（たまに写真や音声）をお届けします。
https://note.mu/ha_chu/m/mcfb6872ed8cc

最初はコンセプトが理解されず、ほんの数百円、数千円の利益しか生まなかったこの「月刊はあちゅう」ですが、徐々にうまく行きはじめて、今では大切な、私の基盤となる仕事のひとつになりました。

仕事がない、条件が合わない、と嘆くのは簡単です。それに、そんな中でも仕事を楽しくしていく工夫ができるかどうかは、この時代のサバイバル術のひとつだとは思います。

けれど、いつまでも仕事を誰かにもらうばかりでは、未来に不安が生まれるし、思い通りにいかない時に誰かのせいにしてしまいがちです。

でも、自分で仕事を作ったなら、それがうまくいくかどうかはすべて自分次第になります。

たとえ会社員という立場であっても、ただ言われた仕事をこなすだけではつまらないもの。会社というのは、能力の高い個人が同じ目的を達成するために集まるチームであるべきです。

取り換えの利かない人材になり、かつ自分が仕事を好きであり続けるために、「仕事を作る努力」を自ら進んで行っていく姿勢が必要だと思います。

仕事を「受ける」から仕事を「作る」へ

正社員を雇うという決断

私個人ではなく、NEXTWEEKEND宛に少しずつプロデュースの依頼をいただくようになったと書きましたが、まだ「NEXTWEEKENDとはこうである」と言える事業はなく、「ライフスタイルプロデューサーの村上萌が掲げているコンセプト」と言ったレベル。結局は個人の時と同様、社長も社員も私だけという状態が続いていたので、会社としては機能していませんでした。

それでも、自分とアシスタントの子のお給料分くらいは稼げていたし、夫の仕事でいつ海外へ行くかもわからない状況。せっかくNEXTWEEKENDというコンセプトを考えたにもかかわらず、どこかで「ライフスタイルプロデューサー」という融通が効く肩書きに依存して、私の考えや生活が変わったら肩書きをすっかり変えればいいや、とすら思っていたような気がします。

ただ、そんな心持ちとはいえ、そのポロポロといただく仕事を自分なりに一生懸命やっていたので、それを見た若い子たちから、「NEXTWEEKENDでインターンをしたい」というメールが来るようになりました。イベントで人手がいないからと手伝ってもらっていたら、気づけば特に教えてあげられることもないのに、数人の女の子たちがインターン生を名乗り、私のもとで何ができるかを模索し始めました。[*1]

同時に、がむしゃらに提案していたNEXTWEEKENDというロゴが描かれた商品を愛用してくれる人に出会ったりして、自分のやっていることが予想以上に責任を伴っていることを自覚し始めました。

当時は、アシスタントと数人のインターンの子たちに、その月にお願いした案件に見合った金額を精算して払っていましたが、ずっと手伝ってくれていたインターンの子が大手企業に就職することになりました。

当たり前のようにそれを祝福しながら送り出していましたが、急に「私ってこれから先、何をしていくんだろう」と悲しく思いました。今、一生懸命やっていても、このままだと自分が止まったら終わってしまうことしかできていないし、自分がいつでも逃げられるように言い訳して、大切な人たちと

＊1 私のもとで何ができるか
やってきたインターンの子たちがNEXTWEEKENDの記事内容やイベント案を提案してくれるようになりました。一人でブログを書いていた私からすると、誰かと一緒に何かを運営できることが驚きでした。

働く環境作りにすら向き合えていない。そのことに気づいた私は、何を思ったか、就職が決まったばかりのその子を含め、その頃インターンとして来てくれていた４人を一気に正社員にすることにしました。

そこにあったのは、この人たちと一緒に未来を作りたい、というロマンチックな思いだけでした。そのためには、名前だけでも社長である以上、私が環境作りをしなければいけません。就職が決まっていた子も、悩んだ結果、内定辞退をしてくれたので、必死にその会社の条件を調べて、初任給、社会保険、福利厚生などを不満に思われないように設定しました。

くるみ屋でバイトをしていた子、ダンサーだった子、大学生だった子など、私を含めて誰も企業への就職経験がないというのは、こうして文字にしてみると恐ろしささすら感じますが、だからこそ誰も常識にとらわれず（というか常識知らずなのかもしれませんが……）、社会に必要とされるためには何をすればいいのか、というのを全員で考えることができるのかな、と思います。

会社のみんなで仕事を作る

「みんなで社会に対して何ができるかを模索しながら、まずはひとりずつ武器を見つけよう」という決起会から2年、ブランド名のごとく毎週末イベントを企画してみて泡を吹きそうになったり、スタイリストやフォトグラファーなどを外注するという手法に気づかず、常に大荷物を抱えて東京中を駆け巡ったりしてきましたが、そうやってNEXTWEEKENDはメディアブランドとして成長してきました。

今は「おてんばな野心を、次の週末に叶える」というコンセプトで、年に2回（春夏号と秋冬号）、雑誌を刊行し、ウェブサイト[*2]では1年を通して記事や動画を配信。そこに通販機能も持たせて商品を提案しながら、定期的にNEXTWEEKENDのコンセプトを体験してもらえるようなユーザーイベント[*3]を企画しています。

受け身の姿勢で仕事をしていた時は、自分の言動に責任を取らないで済むような言い訳をして、どこかで腹をくくれていなかったような気がします。今は、ちょっと先の「なりたい自分たち像」がチーム全員に見えているので、前よりもかなり忙しくなってしまいましたが、仕事を作っているという実感は格段に増えていると思います。

＊2 ウェブサイト
私が主催するウェブマガジン。次の週末に取り入れたい、理想の生活のアイディアを日々提案しています。
http://nextweekend.jp/

＊3 ユーザーイベント
季節の提案をしているNEXTWEEKENDでは、毎月のテーマに合わせたワークショップやフードイベントを開催しています。

「自分がやる必要がある仕事」をする

私のための仕事かどうか考える

とあるテレビ番組の出演時に、望んでいない役割を振られたことがあります。専門家という立ち位置で解説者として呼んでもらっていたにもかかわらず、タレントさんに混じって、笑いを取ることを求められたのです。

それ自体は、台本通りにふるまえばよいので、そこまで難しくはなかったのですが、本来の私のキャラクターとは違う私を演じなければいけないお仕事だったので、収録後には、どっと疲れが押し寄せてきました。

それと同時に、ものすごい自己嫌悪に陥りました。

「こんなこと普段言わないのになあ」とか「テレビを見た人はどう思うんだろう」と考えれば考えるほど、自分の魂を、わずかな出演料と引き換えに売ってしまったように思いました。

もちろん、一度お引き受けしたお仕事なので、その場で求められることをやり通したのは仕事人として間違っていないと思うのですが、でも、お互いに納得のいく形で仕事を終わらせるために、オファーをいただいた時点で、もっと私から自分の役割を提案するか、あるいは、お仕事を受けないという選択肢もありだったと反省しました。

後から気づいたのですが、そのお仕事の依頼書には、最初、他のタレントさんのお名前が書いてあったんです。おそらく、タレントさんのスケジュールなどの条件が合わなくて、私にお声がかかったのでしょう。私のための仕事でないのだから、私にフィットしなくても当然です。

これは、誰が悪いわけでもなくて、テレビというきらびやかな場所に目がくらんで、合わない仕事を受けてしまった私の責任でした。

それ以来、お仕事を受ける時に「自分が出る意味があるかどうか」あるいは「自分が出る意味を自分で作れる仕事だろうか」という切り口で、受ける、受けないを判断するようになりました。

メディアに出ると、景気がよいようなイメージを演出できたり、まわりが

「見たよ！」と言ってくれたりするので、そういう効果ばかり考えてしまいますが、出方を間違うと、そのイメージばかりが独り歩きしてしまって、後から訂正することが困難になります。

いつの間にかフライドチキンの専門家に⁉

さらに怖いのは、その間違ったイメージに、自分を知らず知らずのうちに合わせてしまうことすらあるということ。

昔、なぜか「フライドチキンの専門家」としてテレビに出てくださいと言われたことがありました（その方は私が仕事でチキンのイベントに出ているのを見て、チキンについて人並み以上の知識があると勘違いしたみたいです）。

当然断ったのですが、もし、あの時、フライドチキンの専門家としてテレビに出ていたら、今頃、世の中的にはあちゅう＝「フライドチキンの専門家」になってしまっていたかもしれません。

そもそもまわりの人は「なんで？　専門家じゃなくない？」と思うでしょ

うし、今の時代はすぐにネットなどで化けの皮がはがれてしまうと思います
が、メディアに出ることによって、その後もチキンのお仕事が殺到したら、
本当にチキンの専門家になっていたかもしれないのです。
そうなったら、今頃私は、毎日毎日あっちこっちでチキンの解説記事を書
いていたかもしれません。

今の自分の仕事は確実に未来の自分の姿を作っていくのだと思います。
だからこそ「今回だけ」と思わずに、ひとつひとつの仕事に対して「自分
がやる意味」を考えることが誠実に仕事をすることだと思います。
ひとつひとつの仕事で自分がやる意味がある仕事[*1]をしていると、その実績
は確実にたまっていくはずです。
私の場合は、ライターではなく「作家」になりたいという信念があったの
で、誰かを取材して記事を書く、といういわゆるライター的な仕事は、たと
えギャランティがよくてもすべてお断りして、自分の名前と考えが常に入る
記事だけを書かせていただくようにしました。そうしていたら、名前でお仕
事が来るようになりました。

*1 自分がやる意味がある仕事
自分で仕事の中に「やる意味」を見出すのも仕事の能力のひとつだと思います。

「自分がやる必要がある仕事」をする

祖母の家とサンドイッチ

「自分がやる必要がある仕事をやります」なんて、ちょっと傲慢にも聞こえる発言かもしれませんね。もしうちの社員が言ったら、私はちょっと怒っちゃうかも……。

ただ、この言葉には2つの前向きな意味があると思っています。「自分が持っている要素を掛け合わせて、オリジナルな仕事をする」ということと、誰かに迷惑をかけないためにも、あるいはもっとスムーズに物事を進行させるためにも「任せられることは任せる」ということです。

個人的な話になりますが（むしろ、ここまで個人的な話しかしてないのに今さらのお断りですが……！）、ある春、私の祖母が亡くなりました。季節の楽しみ方や女性としてのたしなみなど、たくさんのことを教えてくれた私の人生の師匠でした。

祖母の家は築100年になるドイツ様式の古い家で、敷地の半分以上が庭。孫の私から見ても、今ではとうてい建てることはできないような趣がありました。そんな祖母が亡くなってまもなく、相続税の関係で家を1年以内に手放さなくてはならないと言われ、悲しい気持ちのまま会社から表参道駅までの間を歩いていた日のことです。

ふと目に入ったのは、駐車場だった空き地に「COMMUNE246[*1] まもなくオープン」と書かれた看板で、フードカート（屋台）が立ち並ぶ、お祭り会場みたいな常設のコミュニティスペースがオープンするとの告知でした。

「へぇ、いつかここで何かイベントしたら楽しそうだな」と、この時の私は企画者の目線でこの場所を通り過ぎました。

その後、札幌に戻り、夫と2人で翌日の朝ごはんを買いがてら、繁華街・すすきのにある、24時間営業のサンドイッチ屋[*2]へ行きました。タイミングがよく、すべての種類のサンドイッチがそろっていてワクワクしていたら、後ろに並んでいたおじさんがコロッケサンドを選び、前のギャルがフルーツサンドを選びました。「サンドイッチって提案の幅が無限で、いろいろな人を幸せ

＊1 COMMUNE 246
個性的な「フードカート」や「カフェ」、新しい働き方を追求する「シェアオフィス」、ユニークな講義を行う「自由大学」が集まった、南青山にある複合施設

＊2 24時間営業のサンドイッチ屋
札幌のすすきのにある「サンドリア」です

にできるんだな」と思うと同時に、「ん？　祖母の家の建具を使ってあの場所でサンドイッチ屋をやったら、すごく楽しいんじゃないか？」とひらめきました。

そこからすぐに、COMMUNE246のプロデュースをしていて、決定権があるトップの方に恐る恐るご連絡をしました。古い住宅のことなどにもとても詳しいその方に祖母の家を見ていただき、2か月後に出店させてもらう、という信じられないスピードで物事が動き、結果的に、祖母の家の建具を使って表参道に小さなサンドイッチ屋を作ることができました。

庭の木は移植が難しいと言われていたのですが、1本だけ植えてみたら、不思議なことにその年の夏には青い実までつけてくれました。祖母がここに来てくれたのかな……なんて思いつつ、店の名前はドイツ語で庭を意味する「GARTEN」[*3]（ガルテン）としました。

任せるという選択肢

今、このサンドイッチ屋事業も無事に2年目を迎えています。店舗経験な

＊3「GARTEN」
旬の美味しいハーブやフルーツを使った、季節をめいっぱい楽しめるサンドイッチを作っています。
東京都港区南青山3-13 COMMUNE 246内／11:00-20:00 月曜定休（売り切れ次第終了）／070-1461-7561

んてもちろんありませんでしたが、この時は「私がやらなくて誰がやるんだろう?」と確信して進めました。

そして、その後に待っていた、メニュー開発や店舗ブランディングといったあれこれは、自分で全部やったら楽しそうではありましたが、楽しそうなことこそ会社のスタッフを巻き込みたかったので、若いスタッフに分担したりしながら進めました。

そのスタッフは、先に書いた、他の会社の就職を辞退してうちに来てくれた子で、今は店舗の広報として、私以上にいろいろなマーケット情報に詳しく、店のことをよく理解しています。これはきっと、任せるべき仕事だったのだと思います。

「サンドイッチ屋の出店」というと少し極端な例かもしれませんが、「楽しそうだから」というだけではなく、「今よりももっとよくなるための選択肢はどちらか?」を考えることが大切かな、と思っています。私はそのうえで、自分がやるかどうかを判断するようにしています。

夢は「叶える」のではなく「叶え続ける」

「こうなりたい」より「こうありたい」

昔、読んだ絵本では、王子様と結婚したら夢がひと段落して、「めでたし、めでたし」で物語は終了していました。

だから、夢を叶えたら、そこから先は幸せに満ちた毎日が送れるのだと信じて疑いませんでした。夢は叶えるまで努力したらよくて、つらい経験があるとしたら、夢を叶えるまでの辛抱だ、と思っていたのです。

でも現実の人生では、「ここまでがんばれば後は楽なはず」と思った場所でもっと高い壁にぶつかって、なかなかハッピーエンドにたどり着けません。

志望校に受かったら、自分よりレベルの高い人たちとの実力と家柄の差を噛みしめる数年間を送ることになったし、なんとか希望学部[＊1]に入った大学では、学部の勉強が驚異的にわからなくて、学部を選び直したいと思ったし、

＊1希望学部
一瞬外交官になりたい、と血迷っていて「法学部政治学科」に入学しました。

第一志望の会社に入れても、そこでのミスマッチを感じて、「私にはもっと別の仕事が合うのでは？」なんて思ったし。

人生は常に、天井にタッチした瞬間にその天井がぎゅーんとのびて、ゲームが再スタートするような感じで休む暇をくれないんだと、ある時、やっと気づきました。でも、これが生きるってことなんだと思います。

だからこそ、夢は「こうなる」ではなく「こうありたい」の状態で決めるのがいい、というのが私なりの結論です。

たとえば「車を買う」ではなく「毎週末は車でお出かけする」だったり、「5キロ痩せる」とかではなくて「常に身軽に動ける体でいる」のように。

私の場合は「作家になる」ではなく「よい作品を書いて発表し続ける」が夢です。だから、今もこうやって文章を書いていること自体、夢が叶っているわけです。

こんなふうに「状態」を夢にして、「ハッピーエンド」ではなく「ハッピーであること」を心がけると、人生は苦難を乗り越えて攻略するものではなく、瞬間瞬間を楽しむものに思えてきます。

夢のゴールを設定してしまうと、それにたどり着くまでの毎日がハードになってしまうし、叶えても叶えても終わりのこない毎日に疲れてしまいます。時には、その瞬間にしか味わえないであろう経験を後回しにしてしまうかもしれません。

でも、今の連続が未来なのです。「こうなったら幸せ」ではなく「いつも幸せ」と感じられるように、目の前の出来事を選択して「理想の自分なら、今どうするだろう？」を考えてみます。そうすれば夢は毎日叶え続けられるようになると思うのです。

今、自分がしたいことは？

以前は5年先、10年先に[*2]こんなふうになっていたい、と想像するのが好きでした。でも今は、数年先の具体的な夢は持っていません。

どんなに短くても3年は勤めると思った電通を2年半で辞めた時、「人生って、そんなに先々の予定が立てられるものではないんだな」としみじみと感じたからです。

それよりもその瞬間瞬間に「今、こういう経験を積みたい」とか「こうい

*2 こんなふうになっていたい、と想像する

実際、経沢香保子さんに5年後のイメージを聞かれたときは、「いろいろなところを旅しながら本を書きたい」と答えましたし（60ページ）、当時はあれこれと夢をふくらましていました。

う自分でありたい」ということを優先していれば「何年後かに夢が叶う」のではなく「今、夢が叶っている」状態をずっと続けられるはずです。

たとえばダイエットなら、毎日スムージーだけを飲んでいれば体重を減らすことはできるかもしれません、でも、それが自分にとって心地よくない方法であれば、ダイエットの正解ではあっても、自分の人生にとっての正解ではないかもしれません。

理想の体型づくりは「痩せてきれいになって彼氏を作るため」なのに、ダイエットのために、ごはんのデートを断ったりしては、元も子もありません。

美容でも仕事でも、友達付き合いでも、あまり先にある不安定な未来のために行動するのではなく、「今、自分がどうしたいか」をシンプルに考えるのが、夢を現実にする一番手っ取り早い方法のように思います。

夢は「叶える」のではなく「叶え続ける」

夢は点ではなく、線

最近、実家の押入れから、大学生の時に書いていたノートが発見されました。

「ジャンルに捉われず、これがあったらいいのにというものを提案できる職業に就きたい……発言力のある有名人になるか、何かすごいヒット商品をプロデュースしてひとつ実績を出すしかない?」

「本を出す人になる……何者かになるか、もしくは自費出版をして街で売り歩くのか?」

「言葉選びが重要な仕事がしたい……編集者? 落語家? ブロガー?」

「食べる、寝る、と同じような並びで仕事ができるようなミックスされた人生を送りたい……スマップ?」

といったように、とりあえず野心と、当時の私の考え抜いた答えが書き連ねてありました。

よく考えると、その時の野心はほとんど叶っていますが、達成した瞬間に上書きされて、昔はそれを夢のように感じていたということだってすでに忘れていました。

夢というのは、到達すべき〝点〟ではなく、人生という線を、自分らしい点で描き続けること、それ自体が夢なのかもしれない、と思います。

そしてそれは簡単なことではありません。今に満足してしまった瞬間、次の点は描けません。そうすると線が止まってしまいます。

そう、常に、自分が今どうありたいかという、「ちょっと先の理想の自分の姿」[*1]を持って点を増やし続けることが大切なのです。

そのためには、好奇心を絶やしてはいけないし、挑戦することもやめてはいけません。言うのは簡単ですが、実際には、人はどこかで怠惰になったり、こんなもんかと妥協してしまったりもします。

いつでも自分は「まだまだ」だと思いながら進んでいくこと。そのために

＊1ちょっと先
「じゃあどうする？」という具体的な計画が立てられるくらい、身近なところから始めるのが私のおすすめです。

は大変な努力が必要です。だからこそ、夢を叶え続けている人は輝いているのです。

週末に小さな野心を叶え続ける

私はNEXTWEEKENDの日本語バージョンのような意味で「週末野心」[*2]という言葉をよく使っています。はあちゃんとプロデュースしている手帳のタイトルも『週末野心手帳』です。

この言葉はカジュアルにも暑苦しくも聞こえますが、そのどちらでもあります。

「いつか」と思っていること——旅行もピクニックも、かわいい格好をすることだって、「次の週末」に全部やったらいいじゃん！　という爽やかな提案でありつつ、「あなたの週末野心はなんですか？　それが答えられないのであれば、あなたの夢ってそもそもなんですか？　将来の夢はあっても、次の週末にやりたいことや会いたい人、食べたいものや行きたい場所がないのであれば、それってちゃんと夢の逆算ができているんでしょうか？　まずは次の週末から叶えていきましょうよ」という、ちょっと暑苦しい（しかも長い）

＊2 週末野心
「次の週末に叶えたい野心」の略。インスタグラムで「#週末野心」のタグを検索してみると、いろいろな方のいろいろな「週末野心」を見ることができます。

提案でもあるのです。

いずれにしても、今も昔も、私は大それた夢はありませんが、次の週末に「やることがなーい！　ひま!!」なんて思ったことは一度もありません。いつだって「こんなことがしてみたい、あんなふうになりたい」ということを叶えるために、淡々と次の週末に小さな野心を叶えるのに勤しんできました。

「小さな野心」はこの本のテーマでもありますが、私の場合はそれを叶え続けることこそが燃料となり、今のところ自分らしい線を描くことができているような気もしています。

まずは今、大きな夢だと思っていることを逆算しながら、次の週末に何ができるか、という少しだけ小さな野心を考え直してみてください。漠然としていたことも、クリアに見えてくるかもしれません。

過去ではなく未来を起点にして選択する

なりたい自分になるために、動く

フリーランスになってから「こうなるだろう」ではなくて「こうなりたい」を常に考えるようになりました。

会社員時代は「きっとこうなるだろう」と思うことがすごく多かったんです。それは会社員という立場のせいではなくて、きっとこの先も会社にいるだろうと自分が思い込むことによって、会社にいる前提での未来[*1]しか考えられなかったから。

ある意味、自分の未来はどこか会社任せ、他人任せで、自分の思い通りにはならないものだと思っていました。

けれど、思い切って会社を辞めてからは「こうなりたい」を考えて、そのための行動をするようになりました。

もっというと「こうなりたい」と思ったらただシンプルにそうすることに

＊1 会社にいる前提での未来
もちろん、会社を辞めたほうがいいなんて一概には思いませんが、私の場合は会社にいることが目的化してしまって「何をやりたいか」がうやむやになっていました。「これがやりたいから会社にいる」と言える幸せな会社員人生だってあると思います。

しました。

20代で特に文芸の賞を受賞しているわけでもないのに専業作家になることが珍しいからか、本を出す方法や書く仕事でチャンスを得る方法について多くの方に質問をいただきます。でも、エッセイやコラムを書きたいと言う人の9割が、特に普段から何かを書いているわけではなく、誰かを紹介しようにも、サンプル原稿も、作品を見られるブログなどもなかったりします。

それは「書きたい」のではなくて「書く人だと思われたい」だけではないでしょうか。書きたい人は、自分で勝手に書いているから、やがてその結果が誰かの目に触れて書く場所がもらえるのに、何者でもない人ほど、先に場所を欲しがるんです。

こうなりたい、みたいな願望を人にぶつけるのは楽しくて、私もよく友人たちと未来を語りますが、現在進行中の何かの先にある未来像をぶつけあうから楽しいのであって「こうなりたい」をただ語って満足している人を見ると「それはちょっと違うんじゃないか」と思ってしまいます。

ただ「こうなりたい」と願うだけではなく、やりたいことを「今」やって、ひたすら続ける。それが、夢を叶えるたったひとつの道なのだと思います。

「今」の延長線上に、未来の自分がいる

私は今、「書くことで忙しい」という昔の自分にとっては夢のような生活を送っています。

会社員時代、忙しいことは悪いことでした。何よりも好きな、本を読んだり、ブログを書いたりする時間が、忙しいとなくなってしまうからです。でも、フリーになってからは、忙しくても、好きなことで忙しいから楽しいんです。

すべてをニコニコと上機嫌でこなしているわけではなく、「書く」という果てしない修行[*2]のような日々の中でそれなりの困難もあるし、売れたいと思ってもなかなか売れないという現状もあります。

それでも、楽しいことでお金をいただいているという今の生活は、「楽しいことをするために我慢をしないといけない」と思っていた日々よりも何倍も楽しく、まさに自分で人生を作っている感じがしています。

*2 果てしない修行
書くことって、誰かが「ここがゴールだよ」と決めてくれるわけではなく、おもしろい文章、美しい文章のゴールの基準も明確にないので、常に自分との戦いだ……と思います。

書く仕事で実績がないからと言って、あきらめなくて本当によかったです。書くことの実績がないという事実は、書くことでしか、乗り越えられないんです。

実績も自信もないなら、作るしかない。

作れないなら一生そのままです。

未来は今の延長でしかない。だから「こうなりたい」は先延ばしにしない[*3]で、常に「今」を未来に合わせることを意識してみてください。

過去はもう、どうあがいたって、自分では変えられません。でも、過去こうだったから、未来もこうなるだろうと過去の延長で未来を考えると、自分の未来の可能性を狭めてしまうことにもなりかねません。

自分の理想の未来を現実にしたかったら、過去にこうだったから未来もこうなる、ではなくて、今からこうするから未来はこうなるはず、と強く信じてみてください。

その信じる力が、きっとよい未来に自分を導いてくれると思います。

＊3 先延ばしにしない
先延ばしにすればするほど、「無理な理由」を探す自分になっていきます。

過去ではなく未来を起点にして選択する

せっかくなら、よりよい明日に

「私、こんなにつらい経験をしていて……」とか「昔ああいうことを言われたから、もう立ち直るのは無理です」なんていう気持ちもわからなくもありませんが、人生にリセットボタンはありません。

私も、いつも楽しそうに見えるかもしれませんが、自分の中で誰も信じられなくなるほど、どん底までつらい経験をしたこともあります。

自分自身の軽率な言動によって取り返しがつかないようなことになり、「本当に終わってる……」と、後悔してもしきれないくらいガッカリしたこともあります。

だけどあいかわらず今日まで、自分は同じひとりの人間でした。

でも、そのせいで、というよりもそのおかげで、傷ついた分だけ人の痛みがわかるようになったし、同じような過ちを繰り返さないようにしようと、反省することができました。

　そう、過去は消すことができないなんてことは誰もがわかっているんだからこそ、過去を起点に物事を考えるのはもったいないことだと思います。「じゃあどうするか？」とその経験をリサイクルしないと、ただのゴミになって、いつかはそれが自分を腐らせるかもしれません。

「〜のせいで、〜できない」とか何かに言い訳してしまったり、何かを理由に物事を避けている時って、少しドラマみたいな展開を期待していたりしませんか？　そんな私をいつか誰かが助けてくれる！　成功しているあの人みたいにラッキーな出会いがあるかもしれない……そんなことはほとんどありません。

　そんな時は、『ちびまる子ちゃん』に出てくる野口さん（暗いんだけど自分の世界を楽しんでいるクラスメイト）のような口調で、「どうせ明日は来るしね」と言ってみてください。

　あきらめているようにも聞こえるかもしれませんが、現実を見るということです。恵まれた時代だからこそ言えることなのかもしれませんが、平和なこの時代、何かのせいにして逃げ出したって、昨日と変わらない自分で迎える朝が淡々とやってきます。

どうせ明日が来るなら、と考えた時、私がいつも口にするのは「せっかくなら」です。すでに起きてしまったことに関しては、なかったことにはできないし、ここから先は、これを糧にしていこう、と割り切るしかありません。

せっかくなら、過去より未来、今日より明日をよくしないと、さらに面倒な毎日が待っています。つらいことも悲しいことも、すべてが自分に起きたこと、というのを一度すべて受け入れてみてください。そして明日が来ることを前提として、せっかくなら何ができるかを考えてみましょう。

誰と、どんな未来を過ごしたい？

未来を起点にすれば、今のつらいことだって、いつかの力になるかもしれません。もし、どうしてもそんなふうに前向きに考えられないという場合は、ひとりで考えずに、親やパートナー、友達や仕事仲間など、誰かとの未来を想像してみましょう。

人間誰しもひとりだと甘えてしまったり、無計画でもなんとかなってしまったりしますが、誰かを巻き込む[*1]とそうはいきません。

私も、アスリートである夫の仕事が、いつかはセカンドキャリアを迎えることを考えると、今のうちに自分の仕事を確立して、少しでも彼の将来に役立てる人になりたいと思うから、止まらずにいられます。

また、社員の親御さんに会ったことをきっかけに、ちゃんとご両親を旅行や食事に連れて行ってほしいと思って、給与の計画をもう少し長い目で見て考えるようになりました。自分自身も、親が病気になったのをきっかけに、これから先の何十年かで親と一緒にやりたいことは、無理やりにでもタイミングを合わせて次々と叶えていこうと思っています。

こんなふうに、一緒に過ごす「誰か」を想像すると、何をするべきか、具体的に浮かんでくるのです。

まずは過去を言い訳にせず、未来を起点に物事を考えてみましょう。それでもなんだか前へ進めない時は、誰かとの未来を考えてみること。きっと行動に移せるはずです。

＊1 誰かを巻き込む
「巻き込む」というとマイナスな表現に聞こえるかもしれませんが、誰かと一緒に何かを共有することで、驚くほどのパワーや計画性が生まれます。逆に自分が「巻き込まれる」ことも前向きに考えたいと思っています。

「仕事を受ける」から「仕事を作る」という視点になると、自分の置かれた環境への愚痴＝自分への愚痴になるので、言い訳ができなくなります。「楽しいことないかな」ではなく「楽しいこと作ろう！」、「仕事ないかな～」ではなく「仕事作ろう！」という思考回路になると、目の前の景色はどんどん変わります。

これを書いている「今」、考えていることをこの章に綴りました。自分の行動によって巻き込まれる人、それによって影響を与える責任を実感しはじめました。好きなことをすることが自由な働き方、生き方だと思っていましたが、自分でちゃんと選択しながら自分の道を歩く心地よさ、それこそが自由なのかな、ということがなんとなくわかってきたような気がします。

PART

4

小さな野心を叶え続ける

私たちのマイルール

My Rules

毎日を変えていくための小さな習慣&ルール

PART1~3では、私たち2人が、現在の働き方にどうやってたどり着いたのかを綴ってきました。

もちろん、毎日野心は更新され続けていますし、今もなお、夢に向かっている真っ最中ではありますが、試行錯誤の日々の中、心地よく働き、暮らすための習慣や、ルールのようなものが見えてきました。

野心を叶え続けて、充実した毎日を過ごすためには、何かしらの行動を起こすことが必要になります。

そんなに大それたことをしなくても大丈夫ですが、ただ漫然とこれまでと同じことをしていても、何も変わりません。その、野心を叶えるための小さな一歩を踏み出しやすくするのが、ちょっとした習慣だったり、自分の中でのルールだったりするのです。

このＰＡＲＴ４では、「実践編」として、今、私たちが仕事で意識していることや、お金の使い方、時間をやりくりする方法、ふだんの暮らしや、人とのお付き合いで心がけている習慣、体や心のケア方法……ｅｔｃ．をご紹介しています。

私たちは仕事とプライベートを区別する、という意識があまりありません。仕事の場所以外で刺激を受けたことが、新たな仕事のアイディアにつながることもありますし、気持よく暮らすことや、体や心の状態をバランスよく保つことが、いい仕事をするためには必要だと思っています。

そのため、ここで挙げるテーマも多岐にわたっていますが、どれも人生を輝かせるためには大切なこと。

今日からすぐにでも始められることばかりなので、ぜひみなさんの仕事や暮らしのスタイルに合うものを取り入れてみてください。

小さな習慣やルールも、積み重ねていけば大きなうねりとなって、あなたの毎日を変えてくれるはずです。

1 仕事のルール

MOE's rule

直感を信じる

なかなか難しいように聞こえるかもしれませんが、自分の直感を信じるようにしています。考えても考えてもわからない時は、直感。これ本当です。20代前半の頃、「大切なのは直感よ」と年上の女性に言われて、「それがわからないから困ってるんじゃん！」と心の中で大声をあげたことがありましたが、今ここであえて直感をすすめる理由は、私自身、これが直感なのかな？と思いながらも、ここまで自分の判断を信じてきたからです。

もちろん、もしかすると違う道を選択したほうがよかった場合もあるかもしれませんが、最終的に自分の直感を信じて進めたことは、正解にするための責任感もあるし、誰のせいにもできないのでやるしかありません。これを繰り返していくと、本当に直感が冴えてくるのではないかと思っています。

MOE's rule

妥協しない

歳を重ねるごとに「ちょっと変だな」と思ったことをそのままにしてしま

うと、たいてい失敗することに気づきました。前は、ちょっと違和感を覚える理由を言葉にできなかったり、どうせ自分は何も知らないし……と自信もありませんでしたが、経験が増えて少しずつ自分なりの提案ができるようになってきたので、今は、ちょっと変だなと思った瞬間に、必ず理由を考えて、それを解決する案を言葉にするようにしています。

すでに物事が進行していて、自分がここで意見することで誰かに迷惑をかけるかも、というタイミングだと申し訳ない気持ちもありますが、解決できる時間が少しでもあるなら、意見する勇気を持つことで、必ず成長できます。

HA-CHU's rule

名刺交換の回数を減らす

もともと相手を知っている場合（SNSでフォローしていたり、事前にメールのやりとりをしている場合）は、改めて名刺交換はしないようにしています。名刺があることを重要視する相手と会う時以外は名刺を持ち歩かないことで、荷物も軽くなりました。

名刺に記載していた連絡先を悪用されるという嫌な経験があったことがきっかけですが、やたらと渡さないようになってから、必要な人とだけ、必要な時に、必要な連絡がとれるようになりました。会社員だと難しいかもしれませんが、今は名刺がないと、名前と肩書きが出てこない人とはお仕事しないので、年々自分の仕事のスタイルが「名刺ナシ」で成り立つようになってきています。

MOE's rule

自分が正解だと思わないようにする

ルールというほどでもありませんが、社員の意見や誰かの意見に心の底から興味があります。自分が正解だとは一切思っていないし、むしろいつだって不安でいっぱいなので、誰かが一生懸命考えた意見を聞けるのは、本当に嬉しいことだと思っています。ただ、その意見の辻褄が合っていなかったり、適当な部分があったりすれば、徹底的に質問します。

自分が正しいと思っているから質問するのではなく、その瞬間、お互いにとってベストだと思えるところまでは話し合いたいと思っているのです。

HA-CHU's rule

友達と仕事する場合、あくまで「仕事相手」として接する

仕事相手は友達ではなく同じ目的をもった「仲間」として捉えて、時には、言いづらいこともはっきり言います。友達だからといって、仕事の時に特別待遇を望む人や、甘えた態度の人がいればそれも注意します。お互いの仕事

を尊重するからこそ、やさしさに甘えた仕事の仕方をしたくないのです。甘え合う関係になるなら、友達として付き合うことをあきらめて仕事優先のお付き合いにします。

価値観が同じ人にしか理解してもらえないことですが、私は、人生の中で「仕事」の比重が高いので、馴れ合うことよりも、よい結果を出すことを優先できる人とのほうが長期的なお付き合いができるように思います。

MOE's rule

なんでもつなげる

オンとオフをはっきり区別したい人も多いかと思いますが、私の場合はほとんど同じです。自分で会社をやっているから、ということもあるのかもしれませんが、休みたいとは一切思いません。

たとえば気持ちよく温泉に入っている時も、「どうしてここはこんなに心地よく感じるんだろう?」と考えだすと、細かい部分にも興味が湧いてきて、お風呂の空間や照明の明るさ、窓の大きさや清掃方法、経営方法なども気になってきます。最終的には仕事のアイディアにつながることも。それが楽しいんです。

2

お金のルール

HA-CHU's rule

たまには贅沢を体験してみる

グリーン車に乗ってみたり、憧れのホテルに泊まってみたりすると、「そういう贅沢をする価値がある自分」という自信につながります。だから仕事をがんばるためにも、たまの贅沢を自分に許してあげるようにしています。節約も楽しいけれど、お金という名の紙の束を集めるために生きているわけではありません。「ここは使う価値がある」と思う時にちゃんとお金を払える自分であるかわりに、たまの贅沢を楽しみつくすために、贅沢に慣れすぎないようにもしています。

お金を使うことは勉強だと思います。自分が何に価値を感じているかの指標でもあるので、自分のお金の使い方には敏感でありたいと思っています。

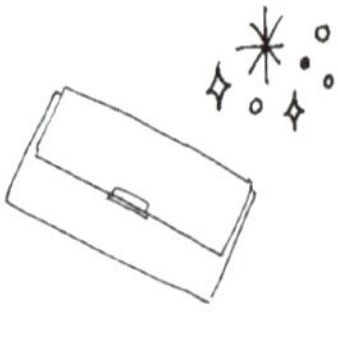

MOE's rule

人のために、惜しみなく小さなお金を使う

ちょっと甘えているように聞こえるかもしれませんが、祖母の家に行くと、大学生になるくらいまで、祖母がこっそりお小遣いを渡してくれました。そ

の時添えられる一言は「お腹を冷やさないように大きなパンツを買いなさい」とかいろいろでしたが、印象に残っているのが「誰かに気持ちよくお金を使えるように少し多めに持っておきなさい」でした。

たとえお金がなくても誰かにはやさしくしたいし、あふれ出るような思いやりを持っていたいと思いますが、お金の余裕は少なからず心の余裕につながります。前提として自分の収入と支出を理解していないといつまでも不安なので、まずは把握すること。そして、高価なものでなくてもいいので、「美味しい焼き芋屋さんがあったから」とか「これ好きそうだから買ってきたよ」などと言って、誰かに惜しみなく小さなお金を使う習慣を作ってみましょう。

無理して破綻、なんてことは本末転倒ですが、お金を上手く使えるようになると、ちゃんと回るようになるから不思議。誰かに喜んでもらえると、自分の心も嬉しくなります。

MOE's rule

大事な時は現金にする

カードのせいかおかげか、お金がなんだかただの数字に見えてしまうこともありますが、やはりお金は基本、がんばった分だけ手に入れることができる、他ならぬ対価。定期的に現金を手にすることは大切なことだと思います。

例えば我が家は夫と２人で毎月貯めている口座がありますが、それとは別に家計費（食材費）として決めている額は、現金にして財布に入れておきます。札幌の家の近所にある大好きなスーパーでカードが使えないという理由もありますが（笑）、やはり現金の方が使っている実感はあるし、減っていくのを見ていると無駄な買い物をしないですみます。

社員の給与も普段は振込ですが、初任給やボーナス、理由のある福利厚生費（例えば個人に合わせたキャリアアップの経費負担など）を渡す際は、必ず現金にして、その重みをわかってもらうようにしています。

HA-CHU's rule

稼ぐことも使うこともプラスに捉える

お金を稼ぐこと＝悪いことという罪悪感を持っていると、お金の流れが悪くなるので、稼ぐことと使うことの両方にプラスのイメージを持つことを心がけています。お金を稼ぐということは、それだけの人を幸せにしたことであり、同時に税金を通して、社会に貢献することでもあります。そして使うことは、大好きな人やサービスを応援することにつながり、社会の幸せ度を上げることだと考えています。あまりにお金に対してケチな人は、その考えがうつると怖いので、少しだけ距離をおくようにもしています。

3 暮らしのルール

MOE's rule

花を欠かさない

家も会社も、花を欠かさないようにしています。というより、花がなくなると寂しく感じてしまうのです。母親がお花の先生でいつも家に花があったから、今がどんな季節なのかはいつだって花で感じていました。また、淡々と過ぎていく毎日の中で、必ず枯れていく花を見ていると、時間というものの尊さを実感できると思うんです。

それから、花を飾ることが習慣になると、必然的に花の名前にも詳しくなります。初めて通る道を歩いている時だって、知っている名前の花に出会えると、なんだかそれだけで心強くなったりもしちゃうんです。

HA-CHU's rule

朝に掃除をする

私は早起きが好きなのですが、その理由は、朝の時間は黄金の時間だと思っていて、少しでも長くその時間を楽しみたいからです。

早朝は気分がよく、体も頭も軽やかに動くので、なるべく文章を書く時間にあてているのですが、その前に必ずするのが、ちょっとしたお掃除。クイックルワイパーをかけたり、机の上の整理をしたり、といったちょっとしたことですが、部屋がきれいになるのと同時に、頭の中もどんどん整理されていく気がして、その後の作業にもスムーズに取りかかれる気がします。

MOE's rule

美味しいものに執着する

恵まれた時代だから許されることだと思いますが、美味しいものを食べることにはかなりの執着心があります。好奇心と欲、その2つが満たされるので、どうせなら美味しいものを食べたい。お腹が空いても、適当なものでいっぱいにするんだったら、次の美味しい食事まで我慢したいと思うほど。

あまり時間がない日は、会社に行く途中に近くの出前を予約しておいて、会議と会議の合間に届くようにすることも。移動が多くてお店に行けなさそうな時は、家から大好きな具材の入ったおにぎりを持って行きます。

MOE's rule

修理に出す

壊れたピアスやネックレス、それから割れた携帯や、かかとのすり減った靴など、昔はそのままにしていても平気でした。でも、最近は壊れたものがまわりにあると、「どうせあれも壊れてるし」と、他のものに対しても雑な気持ちになってしまい、どんどん負のスパイラルが始まると気づいたので、定期的に修理に出すようになりました。修理が終了して帰ってきたものは、より一層大切にしたくなります。

MOE's rule

旅先では話しかける

観光ガイドブックを見て、片っ端から名所を回るような、スタンプラリーみたいな旅行にはあまり魅力を感じません。その場所でどんな人と出会って、どんなふうに自分らしい発見ができたのかに興味があります。

だからこそ、海外でも日本でも、旅先では現地の方にすぐ話しかけたり、質問するようにしています。美味しいお店はないか、なんでここにいるのか、職業は何か……など。話しているうちに、「じゃあ案内するよ」と言われることもあるし、次に訪れた時に「ただいま」と言えるくらい仲良くなったりもするもんです。

4 体と心のケア

HA-CHU's rule

食べものは、カロリーではなく、「気分」で選ぶ

健康も美容も「良質なたんぱく質の肉を食べると痩せる」「いや、肉よりも野菜を」「炭水化物が一番よくない」「炭水化物がないと逆に脂肪は燃焼しない」など、まるで真逆のあらゆる方法が世の中にあふれています。それなら結局自分が、無理なく、楽しく続けられるものがいいように思います。

だから、カロリーが低い・高いからとかではなくて「今この瞬間自分が食べたいもの」を素直に選ぶほうが、満足感が高く、「体のため」だけではなく「体と心のため」の一石二鳥の食事になると思います。少なくとも私は、変に食事を減らしたり食べたいものを我慢すると、後に反動で食べすぎてしまったりするので、カロリーは「体と心のトータル」で決まる、と思うようにしています。

MOE's rule

ホットドリンクの選択肢をいろいろ用意しておく

必然的にゆっくり飲むことになるホットドリンクは、そこから過ごす束の

間の時間を演出してくれる大切なアイテムなので、コーヒーを始め、いろいろな種類を用意しておくようにしています。

また、私の場合、札幌にいる時は自宅が仕事場。多くの人には「家で仕事ができるなんていいな」なんて言われたりもしますが、みなさんの想像する以上に、家での仕事は誘惑が多く、自分のモチベーションをどうやって上げるのかが重要になります。そこで、スイッチを入れるためにも何度かホットドリンクの時間を設けて、自分を精一杯演出したりしています。

HA-CHU's rule

勝手にシエスタを取り入れる

スペイン語でお昼の後の長い休憩を「シエスタ」と言って、その時間をお昼寝にあてる人が多いことがよく知られていますが、私も勝手にシエスタを自分の生活の中に取り入れていて、朝に早く起きるかわりに、お昼ごはんの後は、ごろんと横になって、数十分ほど寝ます。集中力が長く持つほうではないのですが、1回寝てリセットすると気分も変わって、また新たな気持ちで仕事に取り掛かれるんです。それに、1日が自分にだけ2回来たみたいでお得な感じがします。

書くお仕事がたまっているのに、なかなか書くモードになれない時は、1

日に2回仮眠して気分転換をすることも。会社員時代も、10分から15分ほど、休憩室で仮眠をしていました。

MOE's rule

温泉を習慣にする

私の作っている雑誌『NEXTWEEKEND』でも特集したりしていますが、日本という温泉大国に住んでいる以上、温泉を日常に取り入れないのはもったいないことだと思います。六本木の高層階にあるジャグジーみたいなものもリラックスできるのかもしれませんが（すごい偏見w）、それよりも「最近は腰が少し痛いからこの温泉」とか「ちょっと冷え気味だからあの温泉」なんて言いながら、自分の体質に合わせて泉質を選べたら、けっこう粋だと思いませんか？　高いエステや海外のサプリがいらなくなるくらい、温泉ってすごい存在だと思います。

HA-CHU's rule

美容に必要以上のお金と時間をかけない

美容で一番大事なことは「足るを知る」と、「体と同じくらい心をケアする」ことだと個人的には思っています。ないものをいくら望んでも悲観的になるだけなので、それなら、美容から離れて楽しいことを考えて、笑顔でいられる時間を増やします。

尊敬する年上の女性が「鏡を見すぎない」ことが一番の美容だと言っていました。加齢によるシワや、もともとの顔の造りは、どんなに思い悩んでも変わらないし、短所をたくさん探して徹底的に隠すというやり方では美容が苦痛になってしまいます。だからコンプレックス解消美容よりは「長所を伸ばす美容」を心がけたほうがよいと考えています。

HA-CHU's rule

バッグに目薬、鏡、フロス、歯ブラシ、リップを

目と口は人としゃべる時に一番注目を集めるパーツなので、なるべくきれいに保つようにしています。まず目に関しては、ドライアイなので目薬と鏡を持ち歩いて、乾かないように保っています。それから、歯に何かが挟まっていたり、唇が渇いていたりすると、それが気になって話す内容に集中できないので、堂々と笑顔でしゃべれるように、歯と口のケアグッズも欠かさずバッグに入れておきます。

モデルのお仕事をしている友人が、写真を撮る時は必ずリップを塗り直しているのを見て、それも真似するようになりました。唇が潤っているだけで、写真写りも健康的になります。

5 毎日がキラキラする秘訣

MOE's rule

「やりたい」「欲しい」と思ったことを忘れない

多くの人はやりたいことや欲しいと思ったことを忘れがちです。日々これだけ情報があるので仕方ないかもしれませんが、せっかく心がときめいたのにもったいないと思いませんか？　私はやりたいと思ったことは、次の週末に叶えるのがモットーですし、欲しいと思ったものは、すぐに買うか、買う方法を考える、またはいらないと思うまで検討するようにしています。

けっこうすぐに欲しいものを手に入れてしまうので、夫にはダースベイダーと呼ばれていますが……（塩とかハチミツとかを買っているだけで、全然世界征服とは違うのに）。

HA-CHU's rule

1週間に3つ新しい体験をする

新しい、と楽しい、は似ていると思うんです。だから、新しいアプリを使ってみる、行ったことのない場所に行ってみる、食べたことのないものを食べてみる、読んだことのない作者の書いた本を読んでみるなど「具体的な体験」で、新しいことを週に3つ以上、必ず生活に取り入れています。こうすると脳の体操にもなるし、前向きな気分にもなるし、仕事のヒントがもらえることも。何より毎日をフレッシュな気持ちで過ごせます。

スーパーに行っても、見たことのないものや新商品は手に取るようにしていますし、旅先でも、見慣れない料理を頼んでみるなど、常に「新しさ」を楽しんでいます。

HA-CHU's rule

ペンとノートを持ち歩く

どんなところに出かける時も、ちょっとしたことを書き留めておくためのペンとノートを持っていきます。スマホでも情報はメモできるけれど、手を動かすことで情報が、体をしっかり通って脳に入っていく気がします。文字通り「身につく」実感がありますし、考えが広がる感じがします。文房具を探すのが趣味なので、その時々の好きなペンとノートで書き心地を楽しんでいます。

また、書くと夢は叶うと信じています。だからTO DOはデジタルでメモをしても、「こうなればいいな」という「夢」は、自分の体に刻み付けるような感覚で、手で書いています。

MOE's rule

まずはひとりで行ってみる

私はおそらくひとり上手です。温泉や飲み屋だって、結構ひとりで楽しんじゃえるし、スノーボードにひとりで行って、ジャンプに失敗してほっぺたから血を流している時だって、けっこうおもしろがっていました。

もちろん、誰かと行くのも好きですが、楽しいかどうかわからない場所、なんとなく気になる道など半信半疑のところは、一緒にいる相手を巻き込んだら申し訳ないという気持ちもあってか、すべてひとりで行くほうが気楽なのです。そんなわけで、たいていの冒険はひとりで行ったことばかりです。

HA-CHU's rule

隙間時間が楽しくなるものを用意する

移動時間や、ちょっと時間が半端にあいた時のために、読み物や、何かチェックするものや、考えることを常に用意しておきます。SNSをチェックすることが多いのですが、それ以外にもキンドルで電子書籍を読む、アマゾンビデオで動画を見るなど、隙間時間には、ここぞとばかりに趣味を楽しんでいたりします。

待ち合わせで相手が遅れてくることがあっても、自分の時間を有効活用できる手段があればイライラしなくてすみますし、どんなに細かい時間も楽しく過ごしたいと思っています。

（＊アマゾンビデオ：Amazonが展開する動画配信サービス。さまざまな映画や番組をレンタルor購入して、スマートフォンやタブレットで視聴できます）

HA-CHU's rule

カメラを持ち歩く

スマホのカメラもいいけれど、人物や風景が魅力的に写るちゃんとしたカメラも常に持ち歩いていて、「記録を撮る」というよりは「記憶に残す」ために、目の前の何かを切り取ります。何かを切り取りたいと思うのは、自分の心が動いた時だと思います。日常の中で心が動いた瞬間を、後に残しておきたいんです。

カメラで撮る時は、場の空気を壊さない程度に、自分の体の角度や、カメラの角度を変えたり、机の上のおしぼりを移動させたりして、少しだけ、目の前の風景をきれいめに調整します。

HA-CHU's rule

ときめくものしか持たない

もったいなくても、いらないもの、ときめかないものはどんどん捨てたり、人に譲ったりします。食べるものが自分の体を作るように、目に入るものが自分を作っていくと思うので、できるだけ、目に映る風景を自分好みにしたいんです。本棚やクローゼットの中、バッグやポーチの中などは特に、本当に欲しいものや好きなものだけ厳選して入れています。

常に断捨離モードの自分でいると、人生にいるものといらないものの区別がはっきりついて、普段においても、優柔不断が解消します。

MOE's rule

料理が楽しくなる食材を買ってみる

毎日やるようなルーティン作業にこそ、定期的な刺激が大切だと思っています。私の場合、夫がアスリートなので、札幌にいる時は朝昼晩のごはんを作っています。そうなると料理がルーティンになりがちです。

これを義務だと思うとそれまでですが、むしろ待ち遠しかった楽しい時間とすら思えるように、例えばビーツやケール、リーキのように、ちょっとだけ珍しい食材や、ザクロ、パッションフルーツなど、冒険心をくすぐる初めての食材を買っておくようにしています。そうすると、毎回実験に向かう研究者みたいな気持ちになり、腕まくりしてがんばっちゃうものです。

6 時間との付き合い方

HA-CHU's rule

＊1週間の最初に予定を見直す

ちゅうもえサロンでは、毎週自分の「来週の予定」を投稿するようにしています。まずは毎日曜日に翌日からの1週間の予定を見て「今週はこんな週だな」「こういう予定があるな」というのを頭の中で把握します。そのうえで時間配分をしっかりして、効率的に動くことや、バランスよく予定を入れることを心がけます。

そして週末には「今週はインプットが多い週だったな」とか「人前に出ることが多かったな」など、どんな週だったかをふりかえっています。

（＊ちゅうもえサロン：https://synapse.am/contents/monthly/chu_moe）

MOE's rule

朝の時間を自分のものにする

もともとは朝起きるのがとっても苦手だったので、翌朝のために食べたいものを用意して、美味しいもので自分を釣って起きる作戦だったのですが、まんまとそれにハマって、今では周囲の友達から「朝ごはん番長」（これも2

人くらいからしか呼ばれていないけど……）という異名で呼ばれるほど、朝の時間、朝ごはんを大事にしています。

「一年の計は元旦にあり」と言いますが、1日の計は朝にあると思っています。毎朝やってくる、このプチリセットの時間をどう過ごせるかで「よし、今日もがんばろう」と思えるかが変わってきます。そんなチャンスが毎日訪れるなんて、これはものにしないともったいないですよね。

HA-CHU's rule

「ながら時間」を増やす

同じ時間を何倍にも濃くして使いたいので、一石二鳥のながら時間をたくさん作るようにしています。ドライヤーで髪の毛を乾かしながらアマゾンビデオで映画を見たり、お掃除をしながら音楽を聴いたりと、趣味の時間にあてるのはもちろん、インプットの時間が少ないと感じる時は、*ポッドキャストやラジオなど、メディアをフル活用して、移動時間や家事をしている時、メイク中に情報収集をしています。

ドライヤーの音などで耳が塞がれる時は字幕で映画、洗い物中で手が不自由な時はポッドキャストでニュース番組を聴くなど、その状況に合わせてメディアを選び、「ながら時間」を楽しんでいます。

（＊ポッドキャスト：インターネット上で配信されているラジオ番組などの音声データや、動画。スマートフォンやタブレットにダウンロードして楽しめます。）

MOE's rule

短い時間でも集中する

夫の仕事が特殊で、朝ごはんを食べて見送ったら、13時には帰ってきて昼ごはんを食べ、18時半くらいには夜ごはん、23時には消灯、というスケジュールで動いているので、時間の密度を濃くして、深く集中することが重要となります。

まず朝のうちに今日絶対にやらなくちゃいけないことと、やれたらやりたいことをすべて付箋に書き出してパソコンに貼ります。次々と片づけていき、「やれたらやりたいこと」が終わらなかったら翌日に繰り越します。

ひとつ快感なのは、やることが終了した付箋を毎回捨てず、机の上にためていって一気に捨てること（笑）。机の上の付箋が増えていくと、やっつけた敵が倒れているみたいで、なんだか強くなった気がするんです（付箋相手に上から目線。すごく弱そうですね……）。

HA-CHU's rule

予定にメリハリをつける

打ち合わせやプレゼンなど人に会う予定は、できるだけ同じ日に集約して「しゃべる」モードの自分で挑み、逆にデスクワークメインの日は1日中作業に集中できるようにするなど、意識的に予定にメリハリをつけるようにしています。人と会う、と決めた1日は朝から人としゃべる予定をどんどん入れておくと、舌や脳が「しゃべる」モードになって、その日1日なめらかに話せるような気がします。

私の1か月を俯瞰してみても、人にたくさん会う「開いてる」モードの時と、少し自宅作業の多い「閉じてる」モードの時が自然に交互になっているので、自分のリズムを保つために、このメリハリは私にとって必要なことなんだと思います。

HA-CHU's rule

仕事は「食べ歩き」をセットにする

撮影や取材で、行き慣れない場所に行く時は、食べログの「食べたいリスト」の中で自分が「行きたい」に登録していた現地のごはん屋さんを訪れる予定もセットに。「行きたい」お店がない時も、グルメ情報をくまなく調べて、意地でも寄り道の予定を作ります。

仕事のためだけの移動は面倒でも、「あのレストランに行くついでのお仕事だ」と思えばわくわくできるはず。お店にも詳しくなるので、その時に得た知識が次の仕事や友達との集まりの時に役立ったりもします。

HA-CHU's rule

初めて行く土地では食べログのランキングを見る

なかなか行かない場所を訪れる際は、食べログで「現在地周辺の飲食店ランキング」を見るのが趣味です。アプリからこのランキングを見るのは有料ですが、この趣味のために有料会員登録をしています。

そうすると、意外な場所に行きたかったレストランがあることに気づいたり、行きたいお店が見つかったりして、その場所に親しみが湧いてきます（食べることが大好きなので、街の情報はいつもごはんとセットで覚えています）。ただの食い意地が張った人でしかないんですが、私の場合は食べ歩き関係の仕事のためのインプットにもなって一石二鳥です。

7 人付き合いのルール

MOE's rule

褒める時は具体的に

言わなくても伝わると思っていたし、気恥ずかしいから言う必要もないと思っていましたが、素敵だなと思った仕草や言葉、洋服や髪型の変化など、相手を褒めたい時はすぐさま具体的に褒めるようにしています。自分がそうされると嬉しいことは前からわかっていましたが、自分だって誰かをそんな気持ちにさせることができるんだ、とようやく気づいたからなのですが……。

タイミングを逃して言えなかったら、後からでも「さっきのあの言葉、すごく素敵だったね」というふうに、ちゃんと伝えきるようにしています。

MOE's rule

後輩の面倒はちゃんと見る

これまで本当に、世の中の数え切れないほどの大人にお世話になってきました。その方々に恩を返していくのはこれからだったり、すでに始まっていたりすることなのですが、それと同時に下の世代にそれを紡いでいこうと思っています。最近は、年下と食事をしても割り勘で、という人もいるかもしれませんが、基本的に私は社員や後輩などと食事に行った時は必ずお金を出しますし、自分ができる限りでいろいろなものを与えたいと思っています。

それに対して見返りを求めているかどうかといえば、うちの社員に対しては、仕事のモチベーションが上がればいいな、と思う部分もあります。でも基本的には、その人がさらに下の世代にそうしてくれたらいいな、という思いでやっています。

HA-CHU's rule

お土産は必要な分＋2買う

お土産は、あげる分には誰にでも喜んでもらえるものだし、たまたま会う予定ができた人にお土産をあげてみると、そこから会話が広がったりすることも。だからお土産は「気軽に」＆「決まった人以外にもあげる」ようにしていて、いつも必要な個数＋2、3個多めに買って帰ります。

地元の美味しいお菓子なども、打ち合わせや何かで配ることができるし、それだけで雰囲気がよくなったりするので、「余ったら家用にしよう」なんて思いながらもいつの間にか誰かに配っています。

忘れた頃に別のお土産になって帰ってきたりもするので、このゆるい「物々交換」習慣を身近に広げたいと思っています。

MOE's rule

意味のある手土産を用意する

手土産やギフトは、気遣う気持ちが伝わるだけでも喜ばれるものですが、自分が贈るならなんとなく用意するのではなく、手紙を書くような気持ちで、相手と自分にはわかるメッセージを込めたものを贈るようにしています。

結婚したばかりでまだ環境に慣れない友達には、旦那さんとの夜ごはんが楽しくなるように北海道からたっぷりのいくらを。仕事をがんばっている部下には「最近仕事がんばったね」を伝えるために、肩こりに効くハーブクリームを。そんなふうに自分らしさと相手の状況を加味したものを選びます。

HA-CHU's rule

おもしろいと思った情報は家族にどんどん共有する

家族とは、家でゆっくりしゃべる時間もなかなかとれないし、離れて過ごす時間は年々増えていきます。それでも、コミュニケーションラグ（時差）がないように、自分の行った場所や、おもしろいと思った情報はどんどんリアルタイムで家族に共有して、会話のきっかけを作るようにしています。

たとえばLINEで「家族」のグループを作っておき、アルバムやノート機能を活用して家族旅行の日程を詰めたり、写真を共有したりするなど、物理的な距離は遠くても、心の距離はいつも近くなるように心がけています。

8 恋愛・結婚について

HA-CHU's rule

社会的な条件を抜きにしても好きな相手と付き合う

相手の肩書きや年収、世間体など「対社会」の条件で誰かを好きになると、その条件が変わった時に愛が薄れてしまうと思うので、私に対する態度と、人生への向き合い方だけを慎重に観察するようにしています。

そういった揺るがない部分を好きになれば、相手を長く好きでいられますし、2人に何かがあった時も一緒に乗り越えられると思います。

私の前での態度が私の望むものであれば「世間にどう思われているか」はまったく気になりません。

MOE's rule

言葉や態度でちゃんと伝える

私の場合は、もともと彼の移籍に合わせて移動しても仕事ができる人になりたい、彼の横でも自分らしくいたい、といったようにかなり彼を軸にした人生設計をしてきました。だから彼のホーム戦（札幌で試合がある時）の週は基本的に出張を入れないし、毎日ごはんを作ってそばにいたいと思っているのですが、自分の会社の仕事も幅が広がり、いろいろと責任も生じてきたので、どうしても試合の日に仕事が入ったりすることもあります。
それについて「しょうがないじゃん。どうしてわかってくれないの」みたいな素振りをしてしまっては、本末転倒。ちゃんと言葉と態度で相手を大切に思っていることを伝えるよう心がけています。

HA-CHU's rule

相手を変えようとしない

「いつかこうなってくれるだろう」を前提に好きになると、思い通りにならないことがあるたびに彼へのいら立ちが積もってしまいます。だから「今のままで好き」と思えるような、弱みや欠点を含めて愛せる人とともに過ごすようにしています。
全部が全部思い通りにいく人なんてたぶんいないし、足りない部分は一緒に成長していけばいいと思っています。完璧でない部分を一緒に楽しめる人だからこそ、今の自分に必要な人なんだと思うんです。

MOE's rule

彼へ仕事の話を共有する時は、大きな部分から

恋人でも夫でも、仕事の話をどれくらい共有するかで悩む人は多いと思い

ます。ただ、ディテールの話をしても愚痴になりがちだし、そこで正論を言われると「私だってがんばっているのに！」なんて気持ちになってしまうことも。

だからこそ、まずは自分の仕事に対する姿勢を話しておくようにしましょう。ひいてはお互いが仕事を続けていくと、未来ではその2つの丸がひとつになるという話を日頃からしておくことが大切だと思います。そこの理解さえあれば、いちいち細かく報告しなくてもお互いを応援できるし、なんなら相手ががんばっているのは自分たちの未来のためなのかも、とすら思えて、さらに愛しく感じたりもします。

結婚していなくても、せっかく付き合っているならそれくらいの気持ちでいたっていいと思うんです。私は、いまだにサッカーのオフサイドの判定がわからないこともありますが、彼が果たしたい夢はわかっているので、彼が帰ってきてもその都度、試合の結果について細かいことは言いません。「おめでとう」か「お疲れさま」と言って、どちらにしてもご馳走を作ると決めています。

MOE's rule

「彼のこと」が「自分のこと」だと思えたら

結婚を一概にはすすめませんが、彼のことを自分のことのように感じられるのであれば、結婚したらもっと楽しい2人になれると思います。

付き合ったばかりの頃、彼が群馬のチームに移籍することになった時は、「彼が群馬に引っ越すことになった」と感じていました。そこから何年か苦労や喜びをともにしながら付き合って、彼の神戸のチームへの移籍が決まった時は、自然と「私たち、次は神戸に行くのか」と感じました。

ここで感じたことは、彼の選択に少なからず自分の存在が影響しているという自信でもあり、これから先、彼と一緒にその選択を正解にしていこうという覚悟でもありました。

結婚は、始まってみれば、他人だった人との2人暮らしです。住む場所や年収、それからその人の持ち物など、表面的なキーワードはいつまでも同じ状態が続くわけではありません。それ以上に、「この人と一緒に正解を作れたら楽しいかもしれない」なんてくらい「自分のこと」のように思える人とでなければ、無理に結婚する必要はないと思います。

9

SNS＆情報収集のコツ

MOE's rule

SNSの3「ない」

「ネガティブなことを書かない・酔っ払った時に書かない・自慢を書かない」。なるべくこの3つを心がけています。

まず、ネガティブなことを書いてしまう時の深層心理は「同情してほしい」ということ。不特定多数からの同情なんて、なんの力にもならないし、勘違いされてしまうこともあるかも。一緒に飲んで励ましてくれる友達か、抱きしめてくれる人を見つけたほうが何倍もよいです。

酔っ払った時は、翌日後悔することが多いので、基本的には投稿しないようにするのがベスト。

SNSなんてすべて自己PRだと思うと、自慢を書かないのは少し難しいけれど、同じ写真でもキャプションによって、フォローしてくれている人たちが楽しい気持ちになるか、嫌な気持ちになるかは紙一重。そこを考えながら投稿するようにしています。

HA-CHU's rule

デジタルとアナログを心地いいバランスで混ぜる

デジタルとアナログの使い分けに関しては、普段の用事はすぐにやりとりできるＬＩＮＥやメール、想いを伝えたい時は手書きのお手紙……など、自分にとっての心地いいバランスで、それぞれのよいところを活かした使い方を常に模索しています。

デジタルがいいとか、アナログじゃなきゃダメとか、極端に偏るのではなく、よいもののよいところを自分の心地いい感覚で取り入れるのは、どの分野でも心がけていること。例えば「この人は仕事で会う時はいいけど、お酒の場所では苦手だな」と思ったら、仕事は仕事でちゃんとするけれど、お酒は別の人と飲めばいいや、と考えたり。情報伝達手段も同じで、すべて完璧なものなんてないと思っています。

MOE's rule

情報収集を徹底的にする

私が楽しいイベントに参加しているところを見て「運がいいよね」「いつもうらやましい」という人がいますが、私はその分、かなりリサーチに力を入れています。自分のオフの日に、どんな場所で何が行われているか、次行く予定の場所にローカルのお祭りなどの催しはないか、いつだって事前チェックは欠かしません。ネットサーフィンの挙げ句、その土地のおもしろそうな人からある個人のフェイスブックページにたどり着き、オフィシャルホームページなどない、地元のパーティーみたいなものに参加したこともあります。

出会いも情報も、向こうからやってくることはありません。楽しむことに貪欲かどうかが大切です。

HA-CHU's rule

インプットのための時間を持つ

どんなに忙しくても、テレビ、映画、本、雑誌、ＷＥＢコンテンツなどを通して情報のインプットの時間をしっかりと設けるようにしています。

アウトプットが料理だとすると、情報や体験は「素材」だと思うので、常に冷蔵庫をしっかりぱんぱんにしておくと、アウトプットのレパートリーが増えると思うのです。

少ない素材で美味しいものを作るのも、よいシェフの条件だとは思うけれど、情報発信は私の大事な仕事なので、相手（読者や媒体）にあわせて料理が変えられるように、素材のストックは、いつも貪欲に取り組んでいます。

HA-CHU's rule

美容院は雑誌からトレンド情報を得る時間に

普段自分が接しない場所で情報を得ることが、意外なひらめきやきっかけになることが多々あるので、「日頃自分が接点のないもの」にも、時間が許す限り積極的に触れるようにしています。

特に美容院は、自分の買わない雑誌に触れられる貴重な機会。好奇心を広げてくれる情報が載っているので、カラー、カット、トリートメントの時間中に、何度も雑誌を替えてもらい、過去の雑誌なども含め、がっつりインプットする時間にしています。一気に雑誌を読み比べると、同じ時期にいろいろな場所で書いている旬の書き手や、勢いのあるタレントさんもわかるし、バックナンバーを読むのもタイムスリップ感覚で好きなんです。

あとがき

HA-CHU's Voice

２歳からの夢だった「作家」という肩書きを、二十数年かけてやっと名乗れるようになりました。

社会の仕組みを変えてやる、という強い覚悟で書いているわけではなく、世の中にどうしても訴えたいことがあるほどの困難を乗り越えてきたわけでもありません。

ですが、私自身が世の中との折り合いをつける過程で学んできたことを生かして、日常を送っている時に感じてしまう、へばりつくような疲労感や孤独を少しだけでも和らげることができる作品を、人生を通して、書いていきたいと思っています。

時代の流れに則した伝え方を柔軟に探りつつ、自分の日常での気づきを言葉に変換し、伝えることによって、誰かにとって必要な存在であり続けられたら、こんなに幸せなことはありません。

この本が、読んでくださったあなたの気持ちをほぐし、今より少しだけ、自由に生きてみようと理想に向かって行動するきっかけになることを祈ります。

はあちゅう

MOE's Voice

最初は何者かになりたくて自分本位に走り出しただけでした。徐々に社会に必要とされるものを作りたいと気づき、私の場合一人では限界があると思って仲間を増やし、チームとして模索している今日この頃。

今は会社をものすごく大きくすることや、自分の手から離れるようにすることが目標ではありません。自分たちの「できること」に真摯に向き合いながら、社会の役に立つものを考えること、それ自体を、生きている間のひとつのプロジェクトとして、チームで成し遂げていきたいと考えています。

今後、やり方は変われども、自分たち自身が貪欲に人生を楽しみながら、その中に仕事があるような形を続けていければ、本望です。

生きている限り、自分の道は続きます。たとえ小さくても野心を絶やさずに歩いていければ、きっといつの日か、自分の道は最高傑作になると信じています。

ともに道を作っていかれるみなさまの中で、ほんの少しでもこの本に書いたことが記憶に残ったり、勇気のもとになったりしてくれたら、何よりも幸せです。

村上萌

本書の感想を「#ちゅうもえ本」で
各種 SNS に投稿していただければ
著者がいいね！をしに行きます♪

小さな野心を燃料にして、
人生を最高傑作にする方法

発行日　2016年8月10日　第1刷
　　　　2016年8月25日　第2刷

Author　はあちゅう・村上萌

Illustrator　SHOGO SEKINE
Book Designer　オオモリサチエ（andpaper）

Publication　株式会社ディスカヴァー・トゥエンティワン
〒102-0093　東京都千代田区平河町2-16-1 平河町森タワー11F
TEL　03-3237-8321（代表）　FAX　03-3237-8323
http://www.d21.co.jp

Publisher　干場弓子
Editor　石橋和佳（編集協力：野田りえ）

Marketing Group
Staff　小田孝文　中澤泰宏　吉澤道子　井筒浩　小関勝則　千葉潤子
飯田智樹　佐藤昌幸　谷口奈緒美　山中麻吏　西川なつか
古矢薫　原大士　郭迪　松原史与志　中村郁子　蛯原昇　安永智洋
鍋田匠伴　榊原僚　佐竹祐哉　廣内悠理　伊東佑真　梅本翔太
奥田千晶　田中姫菜　橋本莉奈　川島理　倉田華　牧野類
渡辺基志　庄司知世　谷中卓

Assistant Staff　俵敬子　町田加奈子　丸山香織　小林里美　井澤徳子　藤井多穂子
藤井かおり　葛目美枝子　伊藤香　常徳すみ　イエン・サムハマ
鈴木洋子　松下史　永井明日佳　片桐麻季　板野千広　阿部純子
岩上幸子　山浦和　小野明美

Operation Group
Staff　池田望　田中亜紀　福永友紀　杉田彰子　安達情未

Productive Group
Staff　藤田浩芳　千葉正幸　原典宏　林秀樹　三谷祐一　大山聡子
大竹朝子　堀部直人　井上慎平　林拓馬　塔下太朗　松石悠
木下智尋　鄧佩妍　李瑋玲

Proofreader & DTP　朝日メディアインターナショナル株式会社
Printing　株式会社シナノ

ISBN978-4-7993-1938-3

小さな「やってみたい！」を叶えていけば毎日がもっと楽しくなる！

＃週末野心手帳

定価1800円（税別）・416ページ
46版変型・ビニールカバー付

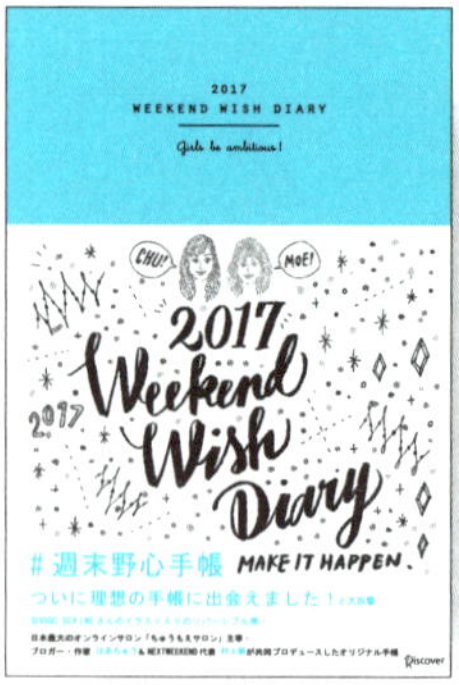

はあちゅう＆村上萌
プロデュースによる
完売店続出の大人気手帳

「＃週末野心手帳」でぜひあなたの使い方を教えてください。

- ついに理想の手帳に出会えました！
- 毎日キラキラとワクワクをくれる
  大切なパートナーです！

・・・・・と大反響！

ティファニーブルーバージョンに加え、
2017年版はヴィンテージピンクバージョンも登場！

Vision Mapや月ごとのWishListで
最高の１年を！

日本＆世界のベストスポットや
暮らしが変わる新習慣など
コラムも満載！

帯を裏返すと
大人気イラストレーター
SHOGO SEKINEさんの
デイジー柄のイラストを
リバーシブルで
楽しめます！